JN070370

クリエイティブ・パートナー 発見マガジン

ある駅で掲出されたポスターが、共感を呼び、

SNSで投稿され、ネットでも話題になった──。

限られた掲出場所でも、多くの人の心を動かせるのが

広告クリエイティブの力です。

見た人と広告主をつなぎ、行動を喚起する、

そんな広告制作物を生み出すには、

広告主と、制作パートナーとの、素敵な出会いが欠かせません。

本書は、そんなパートナー選びに役立つ、広告制作プロダクションガイドです。

各社の制作実績はもちろんのこと、会社の基礎情報や、

クリエイティブに対する思いなども紹介しています。

これまでの制作物から一歩先へと踏み出したい、

そんな広告主の皆様にとって、

新たな出会いと発見が訪れることを願っています。

Contents

広告制作プロダクションガイド 2020
Creator

003 ［特集］
外部パートナーへの「発注・オリエン」

現代ビジネスリーダーたちの「広告・マーケティング」論
イノベーションの神髄は異分子との共鳴　AIには生み出せない"感情"が重要に……　**004**
湖池屋 代表取締役社長　佐藤 章 氏

経営課題とコミュニケーション領域を橋渡し
クリエイターをアイデアに集中させるためのオリエンテーション ……………………　**006**
タイガー魔法瓶株式会社　ソリューショングループ　広報宣伝チーム　平川 誠 氏

パートナーがもたらす新しい視点
「着る映画」というコンセプトから生まれたブランド　三陽商会「CAST：」…………　**009**
株式会社 電通　中村 英隆 氏　　クドウ ナオヤ 氏
株式会社 三陽商会　是永亜美 氏

採用コミュニケーション
企業の理念から生まれたメッセージで就活生に働く意味を考えてもらう ……………　**013**
株式会社 日立製作所　人財統括本部人事勤労本部採用グループ　中村 早希 氏

リブランディング
創立50年目のチャレンジから生まれた新しいブランドアイデンティティ ……………　**015**
東京ヴェルディ 代表取締役社長　羽生 英之 氏
アマダナスポーツエンタテインメント　代表取締役社長　熊本 浩志 氏

021
広告制作プロダクションガイド

広告制作プロダクションガイドの見かた ………………………………………………　**020**
前編：OAC会員社 ………………………………………………………………………　**021**
後編：その他企業 ………………………………………………………………………　**099**

気鋭のクリエイターの作品＆連絡先
160
Creators' index

170　OAC正会員・賛助会員リスト＋プロダクションガイド索引

172　インフォメーション　OAC活動報告

ブレーン╳OAC

外部パートナーへの「発注・オリエン」

広告には、制作に携わる人たちの
アイデアや技術が詰まっています。

最終的な仕上がりまでに、多くの人たちがかかわるからこそ
スタート地点となる「発注・オリエン」の
重要度は高まります。

共に広告を制作していくパートナーが、
最大限の力を発揮し、
期待以上の提案が生み出せるようにしていくには
どうすればいいのでしょうか?

本特集では、
発注先とのパートナーシップのありかたや
オリエンで重視すること、考え方などをお伝えします。

Special interview

現代ビジネスリーダーたちの
「広告・マーケティング」論

イノベーションの神髄は異分子との共鳴 AIには生み出せない "感情" が重要に

湖池屋
代表取締役社長

佐藤 章 氏

「生茶」「FIRE」など、
キリンにてヒットメーカーとして活躍した、
湖池屋 代表取締役社長の佐藤章氏。
同社にて数々の改革を行う佐藤氏は、
マーケティング、広告の未来を
どう描いているのだろうか。

―社長に就任し、3年が経った現在のブランド戦略、その方針とは。

湖池屋は、日本で初めてポテトチップスの量産化を実現し、老舗の菓子メーカーとして親しまれてきました。そのため、社名がフレンテの際には海外展開なども見据えていましたが、和の世界、農業とのつながりなど創業の原点に立ち返り、社長就任時の2016年に、コーポレートブランドを「湖池屋」に統合してスタートを切りました。

商品開発においては、じゃがいもにこだわり、湖池屋のプライドをかけて最高においしいものをつくろうとしています。その姿勢を象徴するフラッグシップブランドとして、2017年2月に「KOIKEYA PRIDE POTATO」を発売しました。さらに、じゃがいも本来の旨さに着目した「じゃがいも心地」を発売するなど、今の時代に受け入れてもらえるブランドフォーメーションを整えているところです。

―マーケティング部に対しては、どのような役割を期待していますか。

マーケティングは経営そのもの。一つひとつの施策が経営に直結します。フードロス問題、物流費高騰、不作に対応した産地の分散化など、私自身がいまだに現役のマーケターとして、マーケティング部のメンバーと本音で議論をしています。マーケティングとは、いかに商品がお客さまの手に取りやすい形にできるかを考えながら、商品提供の上流から下流までをすべて俯瞰で見ることが求められる、とても重要な活動です。当社の場合、マーケティング本部の中に、マーケティング、広報、商品開発、リサーチ機能などがあり、生産、物流、調達のSCM統括本部と、営業本部とで三位一体の体制で動いています。各本部での部分最適ではなく、お客さまの手に届くまでの一連の流れに横串を刺せるような、全体最適を実現できる体制を整えました。

社会の状況に応じて、お客さまのデマンドをどう具現化するのかを考えたときに、生産効率を高めるのか、値段が上がっても満足してもらえるものをつくるのか。各部署の社員が一丸となって考え、取り組んでいます。

飲酒運転撲滅の機運が高まった時期に、私は前職でノンアルコールビールの「キリンフリー」を開発しました。このような感覚で、今までなかったけれど、あれば便利という社会に求められるものを生み出していくのです。最近では、ゲームをしながら食べられるワンハンドスナックの形態や、塩を一切使わない「ポテトの素顔」などを開発しています。「キリンフリー」ではお酒が飲めない妊婦さんに喜ばれ、「ポテトの素顔」では腎臓が悪くて塩分を摂取できない方に感謝いただきました。そういった思いもしなかった新発見がありつつ、新しい価値が生まれていくのです。

―経営者として広告業界やクリエイターに期待することは。

私は常々、クリエイターはもっと評価されるべき存在だと考えてきました。そこで当社では毎年、美術大学生をマーケティング部に採用しています。クリエイターに期待することとは、見た目のデザインをすることだけではありません。世の中の動きから開発に必要な要件を見つけ出して、自分のセンスで商品全体をデザインする。オールラウンドに、すべてをコーディネートする役割を担ってもらいたいと考えています。クリエイターの力をもってすれば、商品のディティールまで理解して、コンテクストを捉え、納得感のあるストーリーをつくることができるのではないでしょうか。

広告業界の方には、そうやってできた新しいコンセプトの商品のコミュニケーションに向けて、パートナーとして一緒にチームを組んでいきたいと考えています。クリエイターとコラボすることによって、今までにない新しいコミュニケーションが生み出され、お茶の間やSNSが活性化されて商品が際立ちます。

クリエイターとのコラボが成功した事例として、私の印象に残っているのは、大貫卓也さんが手がけたカップヌードルのテレビCM、「hungry?」です。ハングリーという人類の大きなテーマを掲げて、原始人を登場させたものです。このCMにより、若者はこぞって「カップヌードル」を食べて、その現象が文化になりました。クリエイティブは、そういった役目を担っている。コミュニケーションを考えることは、私たちが行っている商品をつくりだすこととは違いますが、互いに共鳴しあう重要なことです。

商品を生み出す際に意識していることは、自分と遠いところにある「知」と掛け算をすること。それがヒットの要因だと思います。遠いように見えたアイデアが、大きな力になったりする。近い人だとどうしても似たもの同士になり、イノベーションが起きづらくなります。イノベーションの神髄は、異分子同士が喧々諤々の議論を経て共鳴していくことにあると考えています。クリエイティブは、手づくりなものです。それはAIではできない、感情を生み出すこと。感情はこれから絶対必要なもので、その爆発力によって人々は反応します。そういった感情を生み出せる関係で、一緒に歩んでいきたいですね。

  佐藤 章氏
Akira Sato

1959年東京都生まれ。82年、早稲田大学法学部を卒業後、キリンビールに入社。97年にキリンビバレッジ商品企画部に出向。99年に発売された缶コーヒー「FIRE」を皮切りに、「生茶」「聞茶」「アミノサプリ」など、年間1000万ケースを超える大ヒットを連発。2008年にキリンビールに戻り、九州統括本部長などを経て、14年にキリンビバレッジ社長に就任。16年にフレンテ（現・湖池屋）執行役員兼日清食品ホールディングス執行役員に転じ、同年9月から現職。

Special interview

経営課題とコミュニケーション領域を橋渡し

クリエイターを
アイデアに
集中させるための
オリエンテーション

タイガー魔法瓶株式会社
ソリューショングループ
広報宣伝チーム

平川 誠 氏

よい企画はよいオリエンテーションから生まれ
る。そして、よいオリエンは、経営課題の適切
な翻訳による、「成果物」だ。タイガー魔法瓶
の平川誠氏にオリエンの考え方を語っても
らった。

01・タイガー魔法瓶は2019年2月1日
〜18日にかけ、好評だった「愛されタイ
ガーキャンペーン」の第2弾を実施。

―企画を求める際のオリエンテーションで重
視していることは何ですか。

「何を目的として、なぜ、どのような変化が
必要だと考えているのか」が、オリエンテー
ションにおける背骨ではないかと思います。
ただ気をつけなくてはならないのは、「そ、
それは営業のお悩みを公開しているだけで
は……?」とか、「商品説明会だ……」となるこ
と。こちらも十分な情報を盛り込まなければ
なりません。

まずは現状の確認が必要です。特に外部の。
市場環境、競合、消費者、メディアなどの状
況。俯瞰的な視点で、いま、何がどうなって
いるのか。

現状把握から入り、たとえば「半年後の商戦
時に、その状況がこのように変化していなけ
ればならない」といった短期的なことはもち
ろん、中〜長期で将来のありたい姿も提示し
ます。これらを共有して初めて、ようやく製品
やマーケティング・コミュニケーションの話
になります。もちろん、ターゲット像だったり、
ターゲットの行動や心情だったり、定性的・
定量的な情報も織り交ぜることになると思い

ます。

よくないのは、商品を説明して、営業の要望
をそのまま伝えて、「テレビCMはやりたいと
思ってるんだけど……」といった、ざっくりし
たメディア想定を伝えるもの。言われる側も
困ると思うので、そうならないように注意し
ています。

オリエンテーションが浅いと、プレゼンテー
ションも浅くなりがちです。それは低いジャン
プ台からは高く飛べないのと似ています。

―かなり情報を盛り込んだオリエンをされる
のですね。

要件を作り込むメリットは、ダメなアイデアに
対して何がダメをちゃんと言えるということ
です。

提案した企画に対して「な〜〜んか違うんだ
よな〜〜〜」とか「社内でこう言われたから、
なんとかしてくれ」というのは、企画者がとま
どいますし、着地までのやりとりが爆発的に
増えます。いわゆる「探してしまっている」状
態。

NGを挙げるとすると、「この商品の特徴はこ
れです。かっこよくしてください」といったオ
リエン。往々にして納品物を見て「もっとかっ
こよくなりませんか」といった不毛なやりとり

が発生します。表現面の上辺の話に終始する
と、本来達成しなくてはいけないことからど
んどん遠ざかってしまいます。

オリエンではディスカッションも重視していて、
オリエンに不備があれば相手から質問が出て
くるし、コミュニケーションを取れば自ずと目
指す道ははっきりしてきます。

要件を明確にすればするほど、どういう企画
が出てくるか、方向性の想像がしやすくなり
ます。すると、具体的な形はわからずとも、
要素は把握できる。「こういうのが来るだろう
な」と思っていたところに、「実はもう少しひ
ねってきました」と、予想を超えてもらえるの
がベストです。

そういった"ジャンプ"を起こすには、提案者
側が、それなりに時間を費やす必要がありま
す。深い企画を求めれば求めるほど、オリエ
ンも深くならざるを得ない、ということだと思
います。

―オリエンテーションをつくるプロセスを教
えてください。

オリエンテーションをする私たちも、ある意
味オリエンを受けてつくっています。オリエン
はある種の成果物なのです。

私たちが受けるオリエンは、経営陣から与え

タイガー魔法瓶・平川誠氏のオリエンの定跡とコツ、考え方

☑ 経営課題をコミュニケーションで
解決すべく、分析・翻訳

☑ 競合、消費者、メディアなどの
外部環境を俯瞰的に見る

☑ 企業としての短期的な将来像は
もちろん、中～長期の姿も示す

☑ オリエンが浅いと
提案される内容も浅くなってしまう

☑ 広告会社へのオリエンテーション
前に、社内で内容を共有

☑ 社内での信頼感の高低が
施策の成否を左右することも

られる経営課題です。たとえば「シェアを3位から1位にしたい」といったもの。シェア3位が1位になるためには、どの価格帯の商品がどれくらいの数、どの売り場で売れれば達成されるのか、いつまでにどういう計画が必要か、というふうに分解します。需給バランスや出荷体制もあるので簡単な話ではありませんが。

シェアであれば競合の状況が特に重要となります。ブランドスイッチさせるか、エントリー層を競合より多く取らねばなりません。競合と自社の違いはどこにあるのか。いま顧客が競合に集まっているのはなぜか、など、だんだん話を細かくしていく。

このあたりは営業領域そのものですから、トップほか社内の他部署とも連携しなくてはなりません。私たちは経営陣や社内とのスタート地点を揃えつつ、コミュニケーション分野で成果を出すことが求められます。

もしスタートラインの確認を怠ると後々ズレを生みます。あくまで経営課題からコミュニケーションで達成される要素にかみ砕いていく。単に認知が取りたいではなく、どこで買う人、どういうものを買っている人の認知が必要か、ということです。

—策定したオリエンは、そのまま広告会社に提示するのですか？

広告会社の方々へオリエンする前に、社内で内容を共有しています。

ここで間違えていないか、改めて確認することが重要です。万が一、間違ったままオリエンしてしまうともう引き返せません。

後から「いや～～～～トップの言ってたことを聞き間違えていたよ、ガハハ」とはしごを外されるのはいやなものです。「大丈夫、ここまでの責任をとったし、ニギってきた。だからあなたがたもプロの領域として、ぼくらが考えつかないようなことを出してください」というほうがかっこいいじゃないですか。

宣伝担当の仕事の8割は、こういったシナリオプランニングです。けっこうパワーを使います。

—考え抜いたオリエンでも、提案された企画が思っていたものと違ったり、社内での評価がふるわないケースもあるのではないでしょうか。

社内で見せてみて、「思てたんとちゃう」ということはあります。ただ戦術部分のことがほとんどなので、社内では「わかりました。それを意識したパターンも出してみます」と答えるこ

とが多いです。最初から考え抜いていた案がうまくいくこともありますし、ときには後からかぶせた案が奏功することもあります。

再提案を頼むのは辛いところですが、やらないと、後々まで「あれをやればよかったのに……」という見えない不満が溜まってしまいます。

やはり人間、否定されると反発するようにできています。強い信念をもって戦い「なにを言ってるんですか、これでいきます！」というスタイルもあるかもしれませんが、長い目で見れば社内での信頼感も大事。

また、実行段階になって商品部隊の力を借りることになるとか、要するにしこりを残すと、キャンペーン全体の道行きを左右することになります。言葉は悪いですが、男芸者的なふるまいも時には。

「お話の内容はわかりました、おっしゃっている、ここの部分は確かにそうかもしれません」というふうに受け入れ、なんとか選択肢をひとつ増やすくらいで決着し、いろいろな意向をくんだ形も案としては考える。しかし、根幹の部分は合意済みですから、企画がブレることはないし、そこは変わりません。

広告会社の方も、飛んだアイデアを出してくることがあります。「必ず成功させる、やって

みたい」と。それが確かだと思えばトップにプレゼンすることもしばしばです。「負けたらゴメンね」と言いながら。

そこはお互いの力というか、領域をリスペクトして、互いにプライドを発揮するところではないかと思います。

—予算での折り合いはどうですか。

そうですね。企業対企業の付き合いも出てきます。つまり、お互いに利益を出すという力学が働く。うまみがないな、と思うとモチベーションが下がるのには抗いがたいものです。

そういう面でも、お互いが何を利益とするか、メリットとするかはわかっておくほうがいいと思います。「テレビCMをやりたいのは理解できる。ただ、目的に沿わない。この部分では投資はするから、その部分でなんとか」という話も必要です。ビジネスですから、お金のことはわかっていないとダメですね。

経営課題に対し、各レイヤーのやりたいことを揃えてシナリオに

—オリエンテーションについて、部下の指導はどのようにされていますか。

企画のディレクションというのは、見かけ以上に難しいものだと思います。会社の状態を伝え、担当している商品は、会社全体のブランドでこんな位置づけ、カテゴリー単体ではこういった役割や成果が求められている。短期的にはこう、中〜長期ではどう成長させたいのか。数字はこうだと営業から言われている—こういうことを調べた上で、どうコミュニケーションで解決できるかを落とし込んでいく。書いてみると簡単なようですが、手を動かしながら覚える部分も多いです。

なので、フレームを作るときから一緒に会話をしながらメモを書くこともあります。ただ、私がなんでも用意してしまうと、作業人間になってしまって仕事が楽しくないと思うんですね。これは広告会社でも部下でも同じです。規定演技として身につけるべきノウハウはあるのですが、一方で自由演技的な、お客さんが喜んでくれると嬉しいとか、キャンペーンの応募者が増えるとテンションが上がるとか、自分で手を動かした結果ついてくる楽しみの部分も必要。

「企画を引き出す力」、企画ディレクション力は、提案を受ける企業側こそ高める必要がある領域だと考えています。

メディアなどで新しい手法やよく練られた事例などを見つけたら、企画意図（どんな経営課題やマーケティング課題、コミュニケーション課題があったか）、自社においてどういう部分でお手本になるか、全体を見るのでなく部分に切り分け、ここはこういう場合に使えそう、などと考えてもらうこともしています。

そうすることで企画の立て方の引き出しができてきますし、広告会社からアイデアを引き出す方法や、提案内容をチェックする視点が養われると思います。

「良いな」と感じた事例は自社に置き換えて考えてみる。すると業種やビジネスモデルが異なっても、自社課題へのヒントや見えなかった企画の糸口が見つけられるはずです。

加えて、当たり前のようですが、社内とよくコミュニケーションを取ることですね。各部署の話を聞いて、ちゃんとした解決策を持ってくる。それで一歩一歩信頼を積み重ねなければなりません。

宣伝の領域はコストセンターと思われることもしばしば。私は経営投資だと思ってもらいたいので、他部署の仕事がやりやすくなることも重要な要素のひとつなんです。だからオプションでもいいから、アイデアを出したり、用意しうることは用意します。

そういった意味でも冒頭にお話ししたような、経営課題をコミュニケーション領域でどのように解決するか、という考えが根底にあるべきではないかと思います。

02. 佐々木希さんが出演するテレビCMも用意。賞品を着た子どもに混ざり、「ガオーポーズ」を披露。キャンペーンでは対象商品を購入して応募すると抽選で300人に親子で着れる「ペアTシャツ」や「乳児服」などが当たった。

profile

 平川 誠氏
Makoto Hirakawa

1991年ミズノ株式会社に入社。スポーツ用品の広告宣伝に従事した後、1999年よりソニーマーケティング株式会社にて国内ソニーエレクトロニクス商品のマーケティングコミュニケーション戦略と実行に携わる。2014年株式会社らくる広報・マーケティング部長。2015年より株式会社トリドールホールディングス経営企画室にてコーポレートブランディングや丸亀製麺アプリ導入などを行う。2017年タイガー魔法瓶株式会社に入社。現在に至る。

パートナーがもたらす新しい視点

「着る映画」という
コンセプトから
生まれたブランド
三陽商会「CAST:」

株式会社 電通
中村 英隆 氏　　クドウ ナオヤ 氏

株式会社 三陽商会
是永 亜美 氏

三陽商会は「人生という物語を、
演じるための服。」を
コンセプトにした、女性向けの新ブランド
「CAST:（キャスト:）」を8月に立ち上げた。
「着る映画」をシーズンコンセプトに据え、
映画「CAST:」をオンラインで公開。
映画を観ながら登場人物が着ている衣装を
シームレスに閲覧・購入できる
"シネマコマース型"システムを導入している。

ブランドの立ち上げに
30分の映画を製作

CAST:の立ち上げを担当した三陽商会ディレクターの是永亜美さんは設立の経緯について「弊社は40〜50代向けのブランドが多く、20〜30代向けの女性向けのブランドが全くありませんでした。そのため、社内で20〜30代女性向けブランド開発という新規事業が立ち上がり、ディレクターとしてブランドを一から作ることになりました」と振り返る。

今回のブランド開発には、電通のクリエイティブチームが参加している。「三陽商会はものづくりに定評のある会社ですが、情報発信が得意ではありません。でも今回立ち上げるブランドは、商品の良さは当然として、世の中にもきちんと発信できるブランドにしたかった。そのためには、外部の力を借りることが必要だと考えました」。そこでコンセプトを決める段階で電通に声をかけ、クリエイティブチームが結成された。

立ち上げに参加した電通クリエーティブディ

レクター 中村英隆さんは次のように振り返る。「最初に是永さんから"服を着ることで笑顔になり、輝けるようなブランドにしたい"という話を聞きました。ただ、20〜30代向けの女性ブランドは市場に溢れていて、なんとなくのコンセプトのまま出すと埋もれてしまうので、もう少し研ぎ澄ませて尖ったキャッチーなメッセージをつくったほうがいいとお話しました。デザイン、名前、雰囲気だけでは売れないので、どこの部分を尖らせれば好きになってもらえるかを意識しながら、コンセプト案をまとめました」。

提案の一つが、「着る映画」というコンセプトだった。「一つひとつの服にストーリーを持たせたいと考えました。服のデザインにスポットを当てるだけでなく、その人の生き方、ライフスタイル、価値観などのバックグラウンドを服にもまとわせられないかなと。それを活かす手法として映画をつくることを考えました」（中村さん）。提案を受けた是永さんは社内で検討した結果、「着る映画」のコンセプ

01・3人の主人公、LISA（飯豊まりえ）、ANNA（emma）、CARA（佐藤千亜妃）が登場する映画「CAST：」のキービジュアル。

02

03

04

05

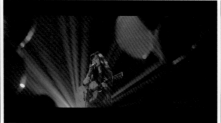

06

トの採用を決める。「個性のある女の子たちに服を着てもらい、映像と共に服を見せることで共感を呼び、購入につながっていくというイメージがすぐに思い浮かびました。デザインということにとどまらず、"服に個性を持たせる"ということが今の時代は大事だし、私たちが新しいブランドをつくる上では必要じゃないかと思ったんです」（是永さん）。

ただ、実現するためには高いハードルがあった。役員側から「ブランドを立ち上げるのに、予算をかけてわざわざ30分の映画を撮る必要があるのか？」という疑問の声があがったのだ。それに対して中村さんは「2分ぐらいのショートフィルムではダメなのか？という意見をいただきましたが、それではすでに世に出ているブランドのプロモーションムービーと同じに見えてしまいます。そうではなくて、三陽商会がいかに本気でこの新しいブランドに

エネルギーをかけてつくったかということが、世の中に伝わったほうがいい」と考え、30分の尺で制作することにこだわったという。

映画のストーリーに絡めた
服のデザイン

CAST:の特徴の一つは、シネマコマースだ。映像の上部に表示されたキャラクターの名前をクリックすると右側に着ている洋服の価格などが表示され、そこから購入が可能だ。それに加えて、1つのブランドからテイストの異なる3ラインが販売されている点もある。映画に登場するLISA（飯豊まりえ）、ANNA（emma）、CARA（佐藤千亜妃）の名前を冠した3ラインだ。3人は個性もファッションの嗜好も異なるため、当然のことながら洋服のデザインも異なる。さらに、売り場も3つのラインに分けている。渋谷の旗艦店では、そ

れぞれの部屋のようなイメージで空間をつくり、入り口には3人の名前を掲げている。また、タグは「CAST:」のコロンの後に、「CAST:LISA」というように、それぞれの名前がついており、誰が着ていた服であるかがわかりやすく表示されている。

このスタイルを提案した中村さんは「今の時代、スタイルやデザインモチーフを一つにまとめるのは古い感じがしたんです。いろいろな個性が1つのブランドに内在しているほうが面白いし、むしろダイバーシティを感じるブランドにできればと思いました。そこで映画の主人公も3人にして、全く違う個性がすれ違ったり、重なったりするストーリーにしましょうと最初から提案していました」と話す。

本ムービーの原案を手がけた電通のクドウナオヤさんは、是永さんから"マニッシュ"、"フェミニン"、"カジュアル"と3つのラインの

要望を受けて、それをどう3人のキャラクターに合わせていくか、職業や性格など、ペルソナを設定した。「事前に方向性は決まっていたものの、ストーリー、キャラクター性から服をつくっていったことが今回のチャレンジだと思います。"服をただ映像に当てはめただけでしょ"と見られてしまうともったいないので、ストーリーの中に絡んでいる服は三陽商会さんにつくってほしいとお願いしました。例えば映画の中でemmaさんが彼氏の服を着るシーンがありますが、その服も実際につくって販売しています。こういう風に"ストーリーから服が生まれる"ほどコンセプトが際

立った服づくりができる。そこで、僕とアートディレクター 松下仁美を中心に、三陽商会のデザイナーチームとすり合わせながらストーリーと服を同時につくっていきました」。
他にも、パティシエ役のemmaさんがケーキをつくっているときにコックコートにクリームを飛ばしてしまうシーンがあり、飛び散ったクリームをデザインに落とし込んだブラウスもつくっている。「このブランドは百貨店で展開することを見据えていたので、これまでのやり方でつくると、おそらくコンサバな普通の服になっていたと思います。でも今回は映像を前提としているので、パッと見たときに色

が映える、モチーフやロゴが際立つなど、3人の個性が一目でわかる、それぞれの強みを出した服を用意するべきだと思うようになりました。打ち合わせを重ねる度に、3人の個性がギューっと凝縮されていき、他と差別化できる商品を開発する上では、映像をつく

02/03・林響太朗監督による映画「CAST:」。Webでの公開のほか、CMとしても展開された。 04・「CAST:」のロゴ
05・バイヤーに向けた展示会の様子。それぞれのキャラクターごとに商品が紹介された。 06・渋谷ユーロライブで行われた試写会の様子。当日は映画の上映が終わってから、来場者を渋谷の旗艦店に案内。ブランドをお披露目した。
07・8月に渋谷にオープンした「CAST:」の旗艦店。キャラクターごとに売り場が分かれている。

08・渋谷の旗艦店では、3人のキャラクターのイメージが掲げられ、売り場を分けている。それぞれの空間には、キャラクターをイメージした壁画パネルが飾られている。こうしたイメージは、アートディレクター 松下仁美さんがデザイン。

ることが大きく役立ちました」(是永さん)。販売後、映画を見た人にバーチャルとリアルを行き来する感覚を楽しんでもらうことができ、映画の中で印象を残したアイテムは店舗でも良く売れているという。

——

映画完成発表後、ブランド公開へ

CAST:はブランド発表も、通常のアパレルブランドとは異なる方法に挑んだ。7月1日には、映画の完成を発表した。そこから1か月間は本当の映画サイトのようなWebページをつくり、CAST:というブランドの概要は一切明かさずに出演者のみを公開した。プレスリリースもファッション系ではなく、映画や情報系メディアなどを中心に送ることでファッション以外からの関心を集めることに成功している。その結果、あるメディアの映画予告編の"期待の映画ランキング"で、3位に入ったほど。

7月31日にトレーラームービーを公開し、試写会を実施。この段階でも本当の映画を公開するように映画館を借りて、SNSや雑誌で観覧者を公募したところ1100人が集まった。「試写会と同時に記者発表を行い、ようやくここでファッションブランドとしてのCAST:の概要を公開しました。この手法のおかげで、ファッションメディア以外にも取り上げてもらうことができましたし、お店をオープンしてからも"映画をつくったブランドですよね?"と言われることがよくあります。アパレルブランドの立ち上げで最初にここまで認知度が取れることはあまりないですね」と是永さん。

今後は、日本ではまだ馴染みのない映像を見ながら商品を買うシネマコマースをいかに浸透させていくかに注力していく。その点についてクドウさんは「中国は既に地上波のバラエティ番組などで出演者が着ている服をそのまま買えるシステムができていると聞きます。

それが一般化しているのを見ると、今後、日本でもシネマコマース は浸透していく可能性が高い。今回はゼロからつくったこともあり、買い方はまだ改善の余地があるのですが、シーズン2や3ではもっと買いやすい形になると思います」と話す。シーズン2以降は映画に限らず、写真集などさまざまな展開を考えているが、どんなメディアになろうとも3人にまつわるストーリーをつくる考えだ。「音楽や映画と同じように、エンターテインメントやカルチャーの一つとして、このブランドを展開していけたらと考えています」(是永さん)。

写真右から中村氏、是永氏、クドウ氏。

profile

▶ 中村 英隆 氏

株式会社 電通／クリエーティブ・ディレクター

▶ 是永 亜美 氏

株式会社 三陽商会／ディレクター

▶ クドウ ナオヤ 氏

株式会社 電通／コミュニケーション・デザイナー

09・映画のストーリーに絡めてデザインされた洋服。映画の中で印象深い服は、店頭での売れ行きも良いという。

採用コミュニケーション

企業の理念から
生まれたメッセージで
就活生に働く意味を
考えてもらう

株式会社 日立製作所
人財統括本部人事勤労本部採用グループ

中村 早希 氏

2019年、日立製作所は
2018年までの新卒採用コミュニケーションを刷新。
「ゆずれないものがある。」
というメッセージと赤の基調カラーで統一した
クリエイティブを展開している。

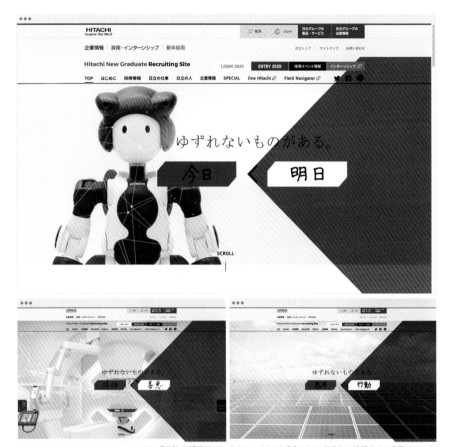

01・刷新した採用サイト。スクロールしてもらうことで、伝えたい情報を上から見せていく。

すべての媒体でコミュニケーションのコンセプトを統一

2019年、コミュニケーションを大きく刷新した理由について、日立製作所 人財統括本部人事勤労本部採用グループの中村早希さんは次のように話す。「これまでは統一したコンセプトをベースにして、パンフレット、Web、ポスターなどを制作していませんでした。しかし、採用市場は年々激戦化しており、いかに学生さんに日立を理解してもらい、興味を持っていただくかが大事になってきています。そのためには、日立という企業をもっとPRしていく必要がある。そこで採用コミュニケーション全体を見直し、日立としてのメッセージ

を発信していこうと考えました」。

2019年の新卒採用にあたり日立製作所が目指したコミュニケーションの方向性は2つ。ひとつは、今後企業としてデジタル技術を駆使しながらイノベーション事業に注力するため、目的に合った人財を獲得すること。もうひとつは事業領域がITだけでなく鉄道、水事業など多岐にわたっていることを学生に紹介し、理解してもらう必要があった。しかし、従来のパンフレットやWebサイトは、企業として

言いたいことや企業としての目線を重視しており、いわゆる「会社案内」に近い体裁だった。そこで、2019年は企業目線ではなく、学生目線でそれらを大きく刷新した。

日立に根付いた言葉から生まれたメッセージ

刷新にあたり、戦略とクリエイティブのパートナーとして電通に声をかけた。メッセージの策定に関しては、電通のクリエイティブスタッ

02・大学などの近辺の駅に掲出したポスター。こちらもサイトやパンフレットと共通したビジュアルだ。

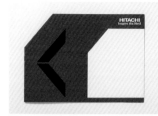

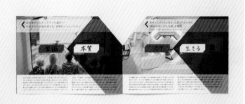
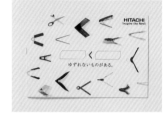

03・学生に配布された、「く」を使ったデザインの会社案内パンフレット。またエントリー登録をした学生には、まるで絵本のようなコンセプトブックを直接送付した。

フとのブレストから浮かび上がった、と中村さんは経緯を話す。「実は日立には長年『損得より善悪』という言葉が根付いています。トップのメッセージには頻繁に盛り込まれる言葉ですが、単純に利益という意味の損得ではなくて、『それが本当に社会にとっていいことなのか』と社員が行動する上で指針となる言葉です。ふと口にしたこの言葉こそ日立らしいのではないかと電通さんからご提案がありました。そしてこの言葉から『損得＜善悪』のように損得より大きいもの、小さいもの、といったフレームができあがりました」。実際に使ってみると、フレームに入る言葉は多様だ。それゆえに、中村さんは「日立として大事にしている理念がある一方で、社員1人1人にも仕事上で大事にしている、ゆずれないものがある。その両方を学生に伝えなくてはいけない」と考えた。

こうして策定された「ゆずれないものがある。」というメッセージは各種クリエイティブに使用されているほか、実際の採用説明会でも活用された。例えば話者が「損得＜善悪」「今日＜明日」「前例＜挑戦」というメッセージの意味を説明した後に、「例えば私の場合は、これ」と自分が考える「ゆずれないもの」を織り交ぜながら話したり、それをフックに「皆さんはどう思う？」と学生と対話をする様子も見られたという。「学生の皆さんには、自分が大事にしている価値観、働く上で何に貢献してきたいのか、ぜひ考えていただきたいと思います。学生の皆さんにとって『ゆずれないもの』は何ですか？そこに興味を持って考え抜くことが大事だとお話しさせていただいています」。

さらに駅貼り広告、パンフレット、Webも同じビジュアルで統一して展開した。具体的には、2019年1月末から同社に関心を持つ学生が多く利用する駅に「ゆずれないものがある。」とメッセージしたポスターを掲出し、3月1日のエントリー開始日に合わせてWebサイトをオープン。同時にエントリー登録した学生の自宅に、パンフレットを送付した。「今回、パンフレットは3種類制作しました。ふたつは文理系共通のもの、もうひとつは理系専用です。文理共通のパンフレットのうちのひとつは『ゆずれないもの』というフレームを使って、ビジュアルをメインにしたコンセプトブックを作り、エントリー登録した学生の自宅に直接送付しました。このようなコンセプトブック（03 下段）を作ったのは就職活動を頑張りすぎずに、ほっとする時間を持ってほしいという気持ちがあったからです」と、制作の意図を話す。また説明会で配布するパンフレットも例年よりコンパクトなサイズに変更した。その一方で、角を斜めにカットするなど、他にはない形状が特徴となっている。「数多く並ぶ企業のパンフレットの中で、実際に手に取ってもらい、"日立って面白そう"と感じてもらう。それを手にした後にWebにアクセスする、日立の説明会に足を運んでもらうなど、トリガーになることを狙いました」。

Webのクリエイティブに関しては、"デジタル感"の表現に苦心した。「日立がデジタルを駆使した事業を展開しているため、今後デジタル人財を獲得していく必要性があります。学生の皆さんに興味を持ってもらえるデジタル感というものが何なのか、電通さんにアイデ

アをいただきながら形にしていきました。最終的には複数あったデザイン案の中から2019年度の内定者の方にヒアリングしながら、作り上げたクリエイティブになっています」。また、コンテンツや構造も大きく刷新。アクセスした学生がまず日立という企業の考えに触れ、スクロールすると次に歴史について触れ、というように情報接触のストーリーを設計。さらには若手社員のインタビューを増やし、学生の目線により近いところに寄せていった。

説明会等で学生に接する機会が多かった中村さんにとっては、前年より日立に対する学生の理解度は深まったのではないかという感触は得ている。また社内からもデザインやメッセージが統一されたパンフレットに関して「面白い」「わかりやすい」という声が寄せられている。

profile

▶ 中村 早希氏

株式会社 日立製作所
人財統括本部人事勤労本部採用グループ

リブランディング

創立50年目の
チャレンジから
生まれた新しいブランド
アイデンティティ

東京ヴェルディ
代表取締役社長

羽生 英之 氏

アマダナスポーツエンタテインメント
代表取締役社長

熊本 浩志 氏

2019年に創立50周年を迎えた
東京ヴェルディはリブランディングを図り、
新しいロゴデザインと
新ユニフォームを発表。
そして、総合型クラブとして
ブランドビジネスを進めていくことを宣言した。

AFTER

BEFORE

©TOKYO VERDY

総合クラブ化を目指し
リブランディング

東京ヴェルディ(以下 ヴェルディ)は、プロサッカークラブを目指して設立された日本初のクラブチームで、かつてのJ1のチャンピオンでもある。しかし、クラブの歴史は波乱続きで、親会社の撤退など、一時は経営難に陥った。そんなヴェルディの経営を2010年に引き継いだのが、羽生英之社長だ。「ヴェルディというチームは、Jリーグのどのクラブよりも華がある。世界から注目されているブランドでもあったので、日本のサッカー界からそのチームを無くしてはいけないという思いで経営を引き継ぎました。そのとき、友人たちから、当時のクラブ名 "東京ヴェルディ1969"の1969を取るべきだと言われました。伝統あるクラブですから、当時は私の一存では決められないと思ったものの、いつかどこかで変えなければ、という思いがずっとありました」。それから8年経ち、50周年を翌年に迎えるタイミングで、羽生社長はヴェルディ

を新たな形に変えていくことを決意した。
ヴェルディがリブランディングにあたり、パートナーとして選んだのはアマダナスポーツエンタテインメントだ。家電ブランド『アマダナ』を立ち上げた熊本浩志さんが代表を務めるスポーツビジネスに特化したデザインファームである。当時、熊本さん自身が軟式野球チーム「東京バンバータ」のGM兼監督を務めており、クラブチームについて精通していたこと。そして、そのブランディングに注目していたことから依頼をしたという。
羽生社長がリブランディングで望んだのは、単純にエンブレムを変えるということだけではなく、長年思い続けていた総合クラブ化を実現することでもあった。それを受けた熊本さんはヴェルディの現状を分析し、これから

01・2019年1月19日に行われた発表会の様子。東京ヴェルディ14チームのユニフォームと新しいエンブレムなどが発表された。

進むべき方向を模索した。「Jリーグの歴史を振り返ってみると、最初のゲームで川淵チェアマンが"サッカーを愛する皆さん"ではなく、"スポーツを愛する皆さん"と挨拶をしているんです。実は当時チェアマンが考えていたのは、欧米型の総合スポーツクラブの在り方。スポーツを通して地域を活性化していくという産業を、Jリーグでも構想していたんです。今回、現状分析をする中で、そのことに改めて気づき、ヴェルディがサッカークラブから総合スポーツクラブになるのは自然な流れであると思いました」。

さらに熊本さんはヴェルディが「"TOKYO（東京）"のチーム」であることに着目した。「ヨーロッパのサッカーチームでは、グッズなどの売上の8割がアジアです。ところが、日本のチームのグッズは、海外ではほとんど売れない。世界が日本に注目し、インバウンドがこ

れだけ活発化しているにもかかわらず、です。その状況を生かし、グッズなどのサッカーから派生するビジネスをもっと強化していくべきだと思いました」（熊本さん）。それを行う上で有利に進められるのは、やはり日本を代表する都市である"TOKYO"のチーム。野球に比べてグローバルスポーツであるサッカーであれば、それを実現することができるのではないかと考えた。

同時に、スマートフォンなどデジタルツールへの対応も急務だった。「2017年にユベントスがリブランディングを図り、Jをメインにしたロゴに変えたのですが、その理由はスマートフォンなどデジタルツールでの認識を高めるため。ヴェルディをはじめ日本のクラブはブランドのメンテナンスに積極的ではありませんでしたが、ブランドビジネスの上手い海外のクラブを見習うべきだと思いました」（熊

本さん）。

残したのは、ヴェルディのアイデンティティ「緑」と「始祖鳥」

リブランディングの際に、多くの企業が悩むのが、これまで培ったものをどこまで残して、どこまでを新しくするのか――ということ。「ポルトガル語で緑を意味する"VERDE"の造語である"ヴェルディ"という名前の通り、このクラブのアイデンティティは緑という色。名前と色だけ残して、あとは全部変えてしまっていいと思いました」と、羽生社長。一方、熊本さんは前身の読売クラブの立ち上げに関わった元社長の坂田信久さんに会ってリブランディングの了解を得ると同時に、ヴェルディのアイデンティティとして緑という色、そしてエンブレムにずっと描かれていたパイオニア

02・ネヴィル・ブロディさんがデザインしたエンブレムとロゴ、そしてタイプフェイス。

を意味する始祖鳥を再確認したという。
新しいエンブレムのデザインは、イギリスの
グラフィックデザイナー ネヴィル・ブロディ
さんに依頼した。ネヴィルさんはさまざまな
ブランドのCIのみならず、サッカーイングラ
ンド代表チームのユニフォームとフォントを
手がけた実績があり、日本にもよく訪れてい
る。「"TOKYO"のチームとして、将来的に海
外のクラブと戦う日が訪れたときに、海外の
チームに劣らないデザインにしたい。そのた
めにはサッカーの母国であるイギリスのデザ
イナーの方が、クラブチームのデザインに対
する理解が深いと思いました。また、ネヴィ
ルさんはすでにサッカーでの実績もある。シ
ンプルながらも主張の強い彼のデザインが、
新しいヴェルディにふさわしいと思いました」。
ネヴィルさんはヴェルディについて、しっかり
とリサーチをした上で、ありとあらゆるデザイ

ンの可能性を自ら描きあげた巻物を持ってき
て、羽生社長や熊本さんの前に広げたという。
「これはネヴィル流のやり方だと思うのです
が、しっかりと方向性を出しながらも、頭の
中にあるアイデアすべてを見せてくれました」
(熊本さん)。そのデザインをもとにブレスト
を重ね、目的やアプリケーションに応じて使
い分けられるよう絞り込んでいった。
ネヴィルさんがデザインしたのは、「TOKYO
VERDY」のロゴと始祖鳥のデザインを組み
合わせたエンブレム、エンブレムと連動した
「V」をモチーフとしたイニシャルマーク、そし
てオリジナルフォントの選定だ。当初の狙い
通り、スマートフォンで表示してもきちんと認
識できると同時に、ユニフォーム、グッズ、ス
タジアムでの展開など、大小さまざまなス
ケールで対応できる。同時に、サッカー以外
のスポーツでも展開できる柔軟性を持ち得

たデザインになっている。2019年1月19日に
行った発表会で、このエンブレムをあしらっ
た、ヴェルディ傘下の各スポーツチームのユ
ニフォームが発表され、今後それらが実装さ
れていく。「発表の時、コアなファンに否定さ
れるんじゃないかと思っていたのですが(笑)。
予想以上にいいという声が多く、あっさりと
受け入れられたので、拍子抜けしました」と、
羽生社長。発表当日に発売を開始したアマダ
ナデザインの2019レプリカユニフォームは、
わずか5日間で前年比225%の売上となった。
新しいエンブレムやマークは、1年試験運用
的に使っていく予定だ。ちなみにJリーグの
ユニフォームは規定により、このデザインを
グラウンドで使用できるのは1年後になる。
「リブランディングによって、ヴェルディって
かっこいいと、みんなが憧れるブランドを目
指したいと思っています。極端なことを言え

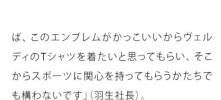

03・熊本さんがGM兼監督を務めていた軟式野球チーム「東京バンバータ」は、2019年に東京ヴェルディのチームとなり、今シーズンから新しいエンブレムやユニフォームを使っている。

ば、このエンブレムがかっこいいからヴェルディのTシャツを着たいと思ってもらい、そこからスポーツに関心を持ってもらうかたちでも構わないです」（羽生社長）。

また、ヴェルディはクラブ内にクリエイティブセンターを設立。熊本さんがクリエイティブセンター長に就任し、今後ヴェルディブランドのビジネスを推進すると同時に、情報発信にも力を入れていく。それによって、ファンとのタッチポイントを増やしていく考えだ。日本のスポーツクラブにはまだあまりないクリエイティブセンターを設けたことについて、羽生社長は「我々が目指すものを示して、あとはその道のプロである熊本さんたちにお任せしています。ヴェルディは前身である読売クラブ時代に、企業スポーツから脱却してク

ラブチームという存在を確立したパイオニア。だから常にパイオニアでありたい、スポーツにおいて先陣を切る存在でありたいと思っています。新しい成功を重ねるには、新しいチャレンジが必要。クリエイティブセンターのメンバーにはどんどん新しいことをやってほしいと思っています」と話す。

近い将来にはマーチャンダイジングのみならず、ヴェルディならではの育成メソッドを展開する世界戦略、総合スポーツブランドだからこそできるマルチスポーツ化の推進にも力を入れていく考えだ。「新しい形は出来上がりましたが、ブランドは生き物のようなもので完成はない。これからは時代に合わせて、常にアップデートしていかなくては、と思っています」（熊本さん）。

profile

▶ 羽生 英之氏
Hideyuki Hanyu
東京ヴェルディ 代表取締役社長

profile

▶ 熊本 浩志氏
Hiroshi Kumamoto
アマダナスポーツエンタテインメント　代表取締役社長

宣伝会議の出版物

各書籍に関する詳しい情報はホームページをご覧ください。

宣伝部に配属されたら、まず読む本

宣伝担当者バイブル

広告主は、広告会社をはじめとした外部パートナーたちと共に、どの様な姿勢で広告を生み出していけばよいのか。広告のプランから実行、結果の振り返りまで、広告をリードする広告主になるための方法を伝える、広告主の必読書。

玉井博久 著
本体1,800円＋税　ISBN 978-4-88335-397-2

新時代のコミュニケーションの実態がつかめる

シェアしたがる心理

情報との出会いは「ググる」から「♯タグる」へ。シェアがトレンドを生み出す、SNS時代のいまとこれからを、新進気鋭の若手メディアリサーチャーが徹底解説。宣伝会議の人気講座を書籍化した。

天野 彬 著
本体1,800円＋税　ISBN 978-4-88335-411-5

あなたの仕事はそもそも
思い通りにいかないようにできている

予定通り進まないプロジェクトの進め方

ルーティン・ワークではない、すなわち「予定通り進まない」すべての仕事は、プロジェクトであると言うことができる。本書では、それを「管理」するのではなく「編集」するスキルを身につけることによって、成功に導く方法を明かす。

前田考歩、後藤洋平 著
本体1,800円＋税　ISBN 978-4-88335-437-5

アイデアの素、詰まってます

日本の歴史的広告
クリエイティブ100選

「アイデア発想」のヒントになる「面白い」歴史的広告を厳選。当時の時代背景や企画者の人柄などを解説し「面白さ」の裏側を探る。「あっと驚く、人を惹きこむ広告」や「社会に訴える、問題提起をする広告」など9項目に分けて紹介。

岡田芳郎 著
本体2,000円＋税　ISBN 978-4-88335-417-7

今こそ、雑誌活用マーケティング

雑誌広告2.0

顧客維持やロイヤルティ向上を重視する広告主は、雑誌コンテンツを活かしたマーケティングを上手に行っています。本書はその事例紹介のほか、読者インサイトのつかみ方、マーケターが雑誌をどう評価しているかについて解説しています。

宣伝会議 編
本体2,200円＋税　ISBN 978-4-88335-473-3

ビジネスの、あらゆるシーンで大活躍

マスコミ電話帳

仕事に役立つ最新連絡先をジャンル別に掲載。広告、芸能など各界の著名人や専門家から、メディア、企業、団体、施設まで、広告・マスコミ関連を中心に収録。 全ての人の「知りたい」「調べたい」に応える必携データバンク。

宣伝会議 編
本体1852円＋税

プロの解説でコピーが学べる

コピー年鑑2019

キャッチフレーズからWebムービーのナレーションまで、約900点の日本のコピーを収録。ファイナリストまでの作品が「なぜ選ばれたか」「この作品のどこがよいのか」をまとめた解説本も付録。

東京コピーライターズクラブ 編
本体20,000円＋税　ISBN 978-4-88335-479-5

日本のCMを俯瞰できる一冊

ACC年鑑2019

「2018 58th TOKYO CREATIVITY AWARDS」の入賞作品を収録。審査員の講評のほか、受賞者が受賞作品の制作プロセスについて語る取材コメントも掲載。

ACC編
本体16,000円＋税　ISBN 978-4-88335-470-2

徹底活用！
広告制作プロダクションガイドの見かた ▶▶▶

022ページからは制作会社の基本情報や作品などを掲載しています。

そこで、はじめにこの本の見かたをご紹介しておきましょう。

掲載企業の業務領域や得意分野、どんなクライアントの仕事をしているのか、

その作品および解説をじっくりチェックして、最強の制作パートナーを見つけましょう。

※すべての記載内容は各社の判断に基づきます。

掲載企業の詳細、強みなど 制作会社の概要や強みが書かれています。

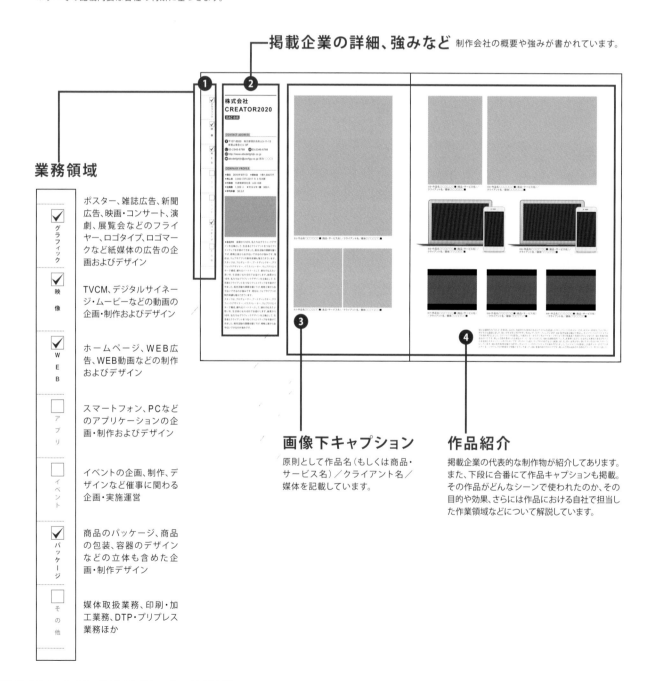

業務領域

☑ グラフィック　ポスター、雑誌広告、新聞広告、映画・コンサート、演劇、展覧会などのフライヤー、ロゴタイプ、ロゴマークなど紙媒体の広告の企画およびデザイン

☑ 映像　TVCM、デジタルサイネージ・ムービーなどの動画の企画・制作およびデザイン

☑ WEB　ホームページ、WEB広告、WEB動画などの制作およびデザイン

☐ アプリ　スマートフォン、PCなどのアプリケーションの企画・制作およびデザイン

☐ イベント　イベントの企画、制作、デザインなど催事に関わる企画・実施運営

☑ パッケージ　商品のパッケージ、商品の包装、容器のデザインなどの立体も含めた企画・制作デザイン

☐ その他　媒体取扱業務、印刷・加工業務、DTP・プリプレス業務ほか

画像下キャプション

原則として作品名（もしくは商品・サービス名）／クライアント名／媒体を記載しています。

作品紹介

掲載企業の代表的な制作物が紹介してあります。また、下段に合番にて作品キャプションも掲載。その作品がどんなシーンで使われたのか、その目的や効果、さらには作品における自社で担当した作業領域などについて解説しています。

広告制作
プロダクションガイド
基本情報＆作品

022〜087ページには、公益社団法人 日本広告制作協会（OAC）の
正会員社・賛助会員社の情報を掲載しています。

- アーツ
- アイル企画
- アクロバット
- アズワン
- アドブレーン
- イシイ
- ウィルコミュニケーションデザイン研究所
- エージー
- オックス
- オンド
- クリエイティブコミュニケイションズ レマン
- コアプランニング
- サン・クリエイティブ
- ジェイスリー
- ショウエイ
- スタヂオ・ユニ
- スパイス
- セットクリエイト
- たき工房
- ティ・エー・シー企画
- 電通テック
- 東京アドデザイナース
- 東京グラフィックデザイナーズ
- 東京ニュース
- トラック
- ノエ
- バウ広告事務所
- 博報堂プロダクツ
- 広瀬企画
- フェロールーム
- プロモーションズライト
- マルキンアド
- モスデザイン研究所

全33社
(掲載は原則アイウエオ順です)

株式会社アーツ

OAC会員

CONTACT ADDRESS

📍〈本社〉
〒105-0013 東京都港区浜松町1-2-15
モデューロ浜松町1F
〈広尾事務所〉
106-0047 東京都港区南麻布5-11-12-2F

📞03-6435-6676　📠03-6435-6674
🌐http://www.arts-inc.co.jp
✉arts1k@arts-inc.co.jp（担当：板垣）

COMPANY PROFILE

● 設立　1968年12月　● 資本金　3,000万円
● 代表者　代表取締役社長　嘉悦和子
● 社員数　15人　● クリエイター数　14人

● 会社PR　グラフィックデザインを軸に、広告デザイン制作、カタログ・パンフレット企画制作、パッケージデザイン制作などを通して半世紀もの長きにわたり、さまざまなニーズに応えてきました。2011年からはそれまでのグラフィック関連領域に加え、WEBサイトの企画制作、電子POPなどのデジタルサイネージの企画・開発やスマートフォンアプリなどのデジタルコンテンツの企画制作も手がけています。多彩なジャンルのクリエイティブで培ったノウハウを、既成の価値観にとらわれない発想で一度ゼロに戻してから再構築できる柔軟さが、私たちのアイデンティティです。秒速で変化しつづける世の中をリアルタイムで俯瞰しながら、時代を超えて不変であるべき作り手の情熱の深さを持ち続けて、アーツはひとつひとつのミッションに応えていきます。

01・AC JAPAN／公益社団法人 セーブ・ザ・チルドレン・ジャパン／ポスター

02・ライフデザインサービスカタログ／
KDDI株式会社／カタログ

03・三色とろろのふわとろ夏鍋／
株式会社レインズインターナショナル／ポスター

04・トレードステーション／マネックス証券株式会社／WEB

05・企業広告／株式会社 ミスミグループ本社／ポスター

06・シェル電気／昭和シェル石油株式会社／ポスター

07・テレビ番組「ザワつく!金曜日」／
株式会社 テレビ朝日／ポスター

08・ドラマ「やすらぎの刻 道」／株式会社 テレビ朝日／ポスター

01・過酷な状況にいる子どもたちの現状を、「絵本」という暖かみのある表現で、多くの人に関心を持ってもらえるよう制作しました。02・携帯電話会社の携帯電話事業以外のサービスをまとめたカタログです。多岐にわたるサービスを分かり易く掲載しています。03・飲食チェーンの期間限定メニューの告知ポスターです。料理の特徴をロゴで表現しつつ、店舗で注文したくなるビジュアルを目指しました。04・株取引ツール「トレードステーション」のWEB広告です。トレーダーのインサイトから、サービスを利用する優位性に気づいてもらえるよう、制作しました。05・株式会社ミスミグループ本社が特別協賛する二足歩行ロボット格闘競技大会「ROBO-ONE」の受賞機体をモチーフに制作されたポスターです。ミスミのものづくりを支える理念をダイナミックに表現しています。06・電力自由化を受けて電力販売の開始を告知するポスターです。コーポレートカラーの街並みのイラストに電気にまつわるオブジェクトが楽しく配置され新しいサービスの期待感を表現しています。07・個性的な出演者によるトークバラエティ番組なので、より濃く賑やかに表現した番宣ポスターです。08・ドラマ内に登場する印象的なセリフなどを格言風にヴィジュアル化。電車ジャック、20連ポスターで掲載しました。

有限会社
アイル企画

OAC会員

CONTACT ADDRESS

📍 〒160-0022 東京都新宿区新宿 3-11-10
新宿 311 ビル 9F

📞 03-3341-5626（代表）　📠 03-3341-5745

🌐 http://www.ill-kikaku.com

✉ info@ill-kikaku.com（担当：石井）

COMPANY PROFILE

- **設立** 1982年7月30日　●**資本金** 500万円
- **売上高** 3億6,000万円（2018年12月決算）
- **代表者** 代表取締役社長 長澤 幸四郎
- **社員数** 33人　●**クリエイター数** 29人
- **平均年齢** 31.2才

●**会社PR**　私たちはアナログが主流であった1982年に新宿で生まれました。

それから時代の流れは急速に変化していきました。誕生から37年。常にアンテナを張り巡らせ、歩んできた結果が現在の発展にいたっていると自負しております。ペーパーレス時代といわれて久しいですが、私たちは「紙」の必要性を現在でも信じて疑いません。いまこそ「紙のチカラ」を積極的にアピールし、それを強みとしてデザイナー各々が、「時代の寵児」となれる努力をしていくつもりです。

ユーザー側に立った思考を忘れず、私たちがクライアントとの架け橋になり、伝達していく心を忘れることはありません。これからもエディトリアルデザインにこだわりを持ち、より幅広い媒体に完成度の高い制作物を提供していけると信じています。

01・東京ヴェルディ2019シーズン試合告知ポスター
東京ヴェルディ株式会社／ポスター

02・サッカーダイジェスト
日本スポーツ企画出版社／
雑誌

03・ダンクシュート／
日本スポーツ企画出版社／
雑誌

グラフィック　映像　WEB　アプリ　イベント　パッケージ　その他

04・Slugger／
日本スポーツ企画出版社／
雑誌

05・CRAZY ATHLETES magazine
／スポーツブル（株）運動通信社／
フリーペーパー

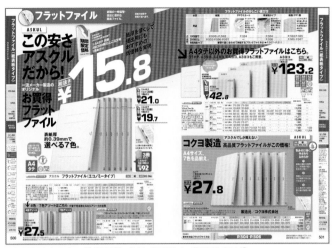

10・アスクルカタログ 2019秋・冬号／アスクル／通販カタログ

06・ラグビーダイジェスト／
日本スポーツ企画出版社／
雑誌

07・北海道日本ハムファイターズ
オフィシャルガイドブック2019／
／雑誌

11・まあまあふうふう。
主婦と生活社／書籍

12・歯科医が教える
即効1秒小顔／
主婦と生活社／書籍

13・毎日10回！ ゆ〜っく
り座れば、一生歩ける！／
日本文芸社／書籍

08・Timely！／
合同会社ACE／
フリーペーパー

09・trim／
インターズー／
雑誌

14・一迅社／書店用POP／販促物

15・大日本図書／たのしい算数（1〜6年）／教科書

01・選手が向かってくる迫力を出しつつ、シックな色味でまとめました。　02・レジェンド選手たちの神々しさをイメージしました。　03・文字のサイズやカラーなどメリハリを意識しています。　04・日本唯一のメジャーリーグ専門誌。写真の迫力を活かすデザインに。　05・写真のトリミングやレイアウトで迫力が出るように心掛けています。　06・ラグビーの迫力が伝わるようなデザインを心がけました。　07・開幕前の期待感を明るいデザインで表現しました。　08・球児にも伝わるデザインを心がけています。　09・トリマーさん向け専門誌。情報を整理し見やすさを意識しています。　10・情報をしっかり整理して、見やすい楽しいカタログを意識しています。　11・しっとりと読みすすめられるレイアウトとデザインを心がけました。　12・写真を大きめに使用し、シンプルにわかりやすくしています。　13・エクササイズに取り組みやすいよう、やさしいデザインにしました。　14・作品の雰囲気が120％伝わるよう、楽しんでデザインしています。　15・教科書という新しい分野にチャレンジし、とにかく細部までこだわって制作しました。

株式会社
アクロバット

OAC会員

CONTACT ADDRESS

📍 〒150-0002　東京都渋谷区渋谷1-4-12
　富田ビル6F
📞 03-5464-3981　📠 03-5464-3982
🌐 http://www.acrobat.co.jp
✉ info@acrobat.co.jp（担当：五頭）

COMPANY PROFILE

- 設立　2000年2月2日　● 資本金　1,010万円
- 売上高　3億円（2019年1月決算）
- 代表者　代表取締役　杉谷一郎
- 社員数　23人　● クリエイター数　22人
- 平均年齢　34才

● 会社PR　グラフィック、WEB、映像、アプリ。現代の企業コミュニケーションに欠かせないあらゆる媒体の企画と制作を、私たちはワンストップでご提供することができます。コンセプトやキービジュアルの開発はもちろん得意とするところですが、そのメッセージを柱に、どんなコミュニケーションの手法を取るべきかを考えることも、私たちの重要なサービスのひとつになっています。商品の特徴やプロモーションの目的に合わせて最適なソリューションと、最良のクリエイティブをご提案いたします。

［就職をお考えの皆さまへ］
会社はひとりひとりのデザイナー、コピーライターの自己実現の場でありたいと考えています。ですから何より大切にしているのは、スタッフ個々のモチベーション。やる気と結果さえ出せば、時間の使いかたは本人の自由です。創業19年のまだ小さな会社ですが、気持ちと態度は大きく、オール業種・オール媒体に強いプロダクションを標榜しています。創業の混乱期を終え、これからが成長期。豊かな才能をもつ方との出会いを楽しみにしています。
※ 募集状況・会社説明会のご案内は、当社ホームページをご覧ください。

左側縦：グラフィック　映像　WEB　アプリ　イベント　パッケージ　その他

01・天皇賞／JRA／交通広告（広告代理店：ジェイアール東日本企画）

02・アロハマーケット／渋谷ヒカリエShinQs／屋外広告

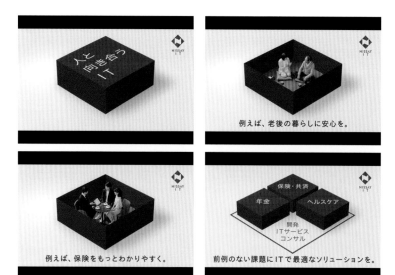

03・20年目のニッセイIT／ニッセイ情報テクノロジー／ムービー
（広告代理店：ジェイアール東日本企画）

天皇賞〈秋〉

10.28 SUN
東京競馬場

04・ほうじ茶／伊藤園／ポスター

05・かにを食べに北陸へ／JR東日本／交通広告
（広告代理店：ジェイアール東日本企画）

06・ブランド広告／ニューオークボ／ポスター

07・eKワゴン／三菱自動車／
カタログ

08・B.B.BASE／JR東日本／駅貼
ポスター（広告代理店：ジェイアール
東日本企画）

09・ポンプ探検隊／荏原製作所／WEBサイト

01・品川駅の大型フラッグに3連貼で展開した「天皇賞」の交通広告。動きのあるビジュアルを、風に散るもみじで表現。02・ハワイグッズを集めた「アロハマーケット」のメインビジュアル。OOH、ポスター、DMなどで立体的に展開。03・人と向き合うITをテーマに、ニッセイITの業務を15秒で簡潔に表現した。04・テレビCMと連動した「ほうじ茶」のポスター。ベンダーやキオスク、デジタルサイネージなどでも展開。05・北陸地方での「かに」の解禁日は11月6日。そのかにをテーマとした北陸新幹線の交通広告。このポスターだけでなく何種類ものビジュアルを投入。06・プロ向けパスタメーカー「ニューオークボ」のリブランディングキャンペーン。ポスター、パンフ、会社案内、展示会、名刺など、このビジュアルで一気通貫させた。07・女性向け軽ワゴンのフルモデルチェンジ・カタログ。表紙はシンプルだが、中面は女性雑誌のようなコピー＆デザインでエンジョイフルに仕上げた。08・房総半島へのサイクリングのために、自転車ごと乗れる列車「B.B.BASE」。ポスターだけでなく、WEBやムービーも制作。09・ポンプの荏原製作所の子ども向けサイト。下から上へとスクロールしていく興味深いつくり。

株式会社アズワン

OAC会員

CONTACT ADDRESS

📍 〒162-0804　東京都新宿区中里町29-3
菱秀神楽坂ビル1F

📞 03-3266-0081　FAX 03-3266-5966

🌐 http://az1.co.jp

✉ eigyou@az1.co.jp

COMPANY PROFILE

● 設立　1996年10月23日　● 資本金　4,000万円
● 代表者　代表取締役社長　中田朋樹
● 社員数　28人　● クリエイター数　28人
● 平均年齢　43才

● 会社PR　私たちアズワンは、DTP制作会社としてスタートしました。その後、DTP制作を中心に仕事の領域を広げ、現在では雑誌や広告の編集・デザインも行っています。社内には編集ディレクター、デザイナー、DTPオペレーター、校正者も在籍し、制作物の企画からフィニッシュまで一貫した制作体制を敷いています。また、DTP用アプリケーションの開発・販売、書籍の出版なども行っています。
広告・販促物の制作は私たちの主力業務のひとつです。これらの制作においては、企画、デザイン、ライティング、写真撮影、DTP、校正など、さまざまなスタッフの連携が不可欠です。
アズワンは総合制作会社として、お客様が求める目的に応じて最適な人材を集めてチームを編成。制作に伴う煩雑な指示管理業務の一切をディレクターが代行し、ワンストップでの制作体制を可能にしています。

自動組版、CMS、そして、次のDTPへ

アズワンが得意とするのは、自動組版による大型カタログ制作です。1993年に前身となる会社で事業を開始して以来、27年の実績があります。現在では、年間1万ページ以上の印刷媒体を制作しており、データベースとInDesignを連携させた制作の自動化によって、数多くの企業様にカタログ制作の時短、コストダウン、クオリティアップをご提案しています。

最近では、「コンテンツ管理システム（CMS）を活用したい」というお客様の要望も増えています。そうしたお客様のために、基幹データベース→CMS→InDesign連携による制作フロー構築の支援も数多く行っています。「CMSを導入してカタログ制作を効率化・合理化したい」というお客様は、ぜひ一度、アズワンにご相談ください。

また、アズワンでは長年のカタログ制作の実績を活かし、InDesign上で動作する汎用表組・テキスト抽出ソフト『アブストラクト』を開発・販売しています。このソフトは、InDesignデータの段落スタイル・文字スタイル・フォント名などを指定して一致したデータをCSVなどで抽出。抽出されたデータは各種インデックスの生成や基幹データとの比較による正誤判定などに活用することができます。このソフトを使えば、カタログ制作における情報管理や校正の負担を大幅に軽減することができます。

あらゆるDTPソリューションをワンストップで提供しています

企画・編集・デザイン・組版・画像加工・校正まで、アズワンでは、印刷媒体の制作に必要なあらゆるサービスをワンストップで提供しています。予算規模や納期など、お客様のご要望に合わせた、最適なソリューションをご提案いたします。案件の規模にかかわらず、何でもお気軽にご相談ください。

また、私たちは、雑誌の編集・制作に長く携わってきた経験を活かし、Adobe InCopyを使った雑誌制作のためのソリューションを開発しました。Adobe InCopyとは、InDesign環境を持たない人でもテキスト編集を行えるようにするソフトです。これを使えば、編集者やライターが直接InDesignデータを編集でき、デザイナーに文字修正を依頼する必要がないので、制作の時短とコストダウンを実現できます。

DTPに関して、私たちにはあらゆるサービスを提供する用意があります。印刷物の制作に関することなら、ぜひ、アズワンにご相談ください。

01・インデザイン対応データ抽出ソフトAbstract（アブストラクト）／アズワン

02・オフィシャルサイト／ブラック・アンド・デッカー

03・オフィシャルサイト／DEWALT

04・自動組版ソリューション読本／アズワン

05・学校案内／聖路加国際大学

06・モトチャンプ／株式会社三栄／雑誌

07・平成カルチャー30年史／
株式会社三栄／雑誌

01・アズワンが開発・販売するインデザイン対応データ抽出ソフト。インデザイン（CS6以上推奨）で作成されたカタログの商品情報などのデータ、段落スタイル・文字スタイル・フォント名・フォントサイズ・レイヤー名・正規表現を指定して一致したデータをCSVなどで抽出します。抽出したデータは、初校と2校などの校正段階での比較結果の出力、基幹系データとのマッチング処理、インデックスの制作、データベースへのフィードバックなどが可能になり、様々な用途に活用できます。**02**・キャンペーンや新製品情報、ニュースなど情報をスムーズに公開できるよう、CMSによるリニューアル提案を行いました。**03**・ブランドイメージに合わせたデザインリニューアルを行いました。**04**・自動組版ソリューションをわかりやすく漫画で紹介した自社PR冊子。漫画のストーリー構成、デザインを行いました。**05**・聖路加国際大学の学校案内。撮影からデザイン、DTPまで行っています。**06**・株式会社三栄発行のバイク雑誌。デザイン・DTPを行っています。**07**・株式会社三栄発行のカルチャー雑誌。編集・デザイン・DTPを行いました。

☑ グラフィック
☐ 映像
☑ WEB
☑ アプリ
☐ イベント
☑ パッケージ
☑ その他

株式会社 アドブレーン

OAC会員

CONTACT ADDRESS

📍 〒100-0011 東京都千代田区内幸町1-2-2
日比谷ダイビル 2F 12F

📞 03-6457-9112 📠 03-6457-9120

🌐 https://www.adbrain.co.jp

✉ office@adbrain.co.jp

COMPANY PROFILE

- 設立 1962年7月 ● 資本金 5,200万円
- 売上高 15億7,620万円(2019年5月決算)
- 代表者 代表取締役社長 喬橋 敏憲
- 社員数 123人 ● クリエイター数 104人
- 平均年齢 35.2才

● 会社PR 私たちアドブレーンは、57年の歴史を誇る広告制作会社。創業以来今日まで、数多くのナショナルブランドの広告を手がけてきました。広告制作は「人間産業」。それがアドブレーンの企業理念です。自分と向き合い、チームや仲間と助け合い、クライアントの方々との信頼関係を築いてきたことが、私たちの大切な財産。これからも社員ひとり一人の個性や能力を大切にしながら、ロマンとビジネスが共存する職場づくりを進めていきます。

01・一緒にいこう／KDDI株式会社／店頭ポスター

02・三菱一号館美術館「全員巨匠！フィリップス・コレクション展」／三菱地所株式会社／ポスター、チラシなど

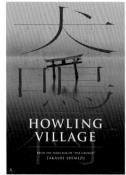  

03・映画「犬鳴村」／東映株式会社／海外展開用ポスター

04・トヨタイムズ／トヨタ自動車株式会社／新聞4c30d

05・PLST 2019SS／株式会社プラステ／店頭販促物

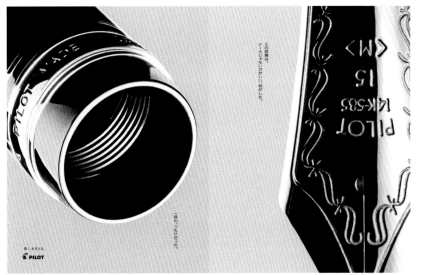

06・雑誌「Pen」タイアップ企業広告／株式会社パイロットコーポレーション／雑誌

07・SUQQU 2019AWコレクション／
株式会社エキップ／リーフレット、DMなど

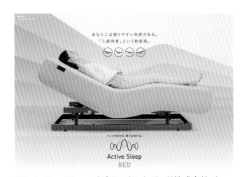

08・Active Sleep／パラマウントベッド株式会社／
ポスター

09・HENGE／A.P.WORKS
：自社プロダクト／マグネット
ボード

10・Sienta／トヨタ自動車株式会社／WEB

01・新シリーズが登場し2パターンで進めることとなったauのCM。より一層勢いを増しながらみなさまと共に一緒に歩んでいきたいという思いを込めて、三太郎と高杉くんたちが一緒に歩んでゆくイメージを力強く表現しました。　02・画家名を絵画で隠していても、隠された文字が脳内から湧き出てくるというビジュアルトリックを使いながら、「ドザンヌスー」のように読んで引っかかりのある言葉で、堅苦しくなりがちな美術展をカジュアルに描きました。　03・ジャパニーズホラー映画の海外展開用ビジュアル。日本らしい美しさと不気味さを兼ね備えたビジュアルを目指しました。　04・クルマの時代から、もっと自由に移動を楽しむモビリティの時代へ。この大きな変化を伝えていく新たなメディア「トヨタイムズ」の元旦新聞広告です。昔のトヨタロゴをオマージュしながら活版印刷で仕上げたデザインはトヨタがこだわり続けていくもの、「トヨタ"イズム"」の象徴です。　05・2019SSの代表的なリネン素材の5ルックを一堂に集め、新しい季節「出かけたくなる服」をシーズンコピーに、新川優愛さん一人に着てもらうことでオンからオフまでPLSTならではの多様な着こなしを表現しています。　06・これまでに見たこともない万年筆を表現するために、「万年筆の写真集」を作るつもりで企画しました。　07・暗い世界の中で艶やかに光るテクスチャーを背景にプロダクトのコンセプトである「うるみ」感を表現しました。　08・その人の睡眠状態に合わせて自動で角度を変えてくれるベッド。商品の持つ先進性と機能性が伝わるグラフィックを目指しました。　09・ばらばらになりがちなクリップをくっつけておけるマグネットボード。髪型や表情をつくって楽しむことができます。　10・躍動感のあるデザインでUXの向上に努めました。

グラフィック

映像

WEB

アプリ

イベント

パッケージ

その他

イシイ株式会社

OAC会員

CONTACT ADDRESS

📍 OSAKA／Head office
〒542-0066 大阪府大阪市中央区瓦屋町2-10-25
📞 06-6768-1577 📠 06-6768-5392
✉ toku@ieps.co.jp（担当：徳永）

📍 TOKYO／Division office
〒102-0072 東京都千代田区飯田橋1-12-7
飯田橋センタービル4F・7F
📞 03-3288-5260 📠 03-3288-5305
✉ masutani@ieps.co.jp（担当：桝谷）

📍 CHUBU／Division office
〒443-0044 愛知県蒲郡市宝町4-9
📞 0533-69-8040 📠 0533-69-8041
✉ matsumura@ieps.co.jp（担当：松村）

📍 OSAKA PRINTING／Plant
〒590-0982 大阪府堺市堺区海山町5-200-1
📞 072-226-0141 📠 072-226-0336
✉ kogita@ieps.co.jp（担当：小北）
🌐 http://www.ieps.co.jp

COMPANY PROFILE

● 設立　1972年3月1日　● 資本金　2,880万円
● 売上高　42億7,000万円（2019年1月決算）
● 代表者　代表取締役社長　石井 和貴
● 社員数　189人　● クリエイター数：62人
● 平均年齢　40才
● 会社PR　ポスターからチラシ、パンフレット、SP
ツールなど、お客様からヒアリングを行い、感動のあ
る制作物を、求められる多様なメディアでご提供する
のがイシイ。WEBマーケティングにおいてはコンテ
ンツ制作だけではなく、コンテンツを自在に編集でき
るCMS開発・提供も行っています。また、各種プロ
モーションにおいて、キャラクター版権元や映画配給
会社とのパートナーシップにより、人気キャラクター
や最新映画とのコラボレーションを提案。その話題性
から商品の認知度を高め、強い関心をもっていただく
ことも可能です。中国・上海にある協力会社と連携し、
ノベルティの生産体制も整えておりますので、質の高
いプロモーショナルアイテムも併せてご提供できます。
さらに、映像分野では、自社作成による3DCGの動画
への移行や、ドローンによる空撮も行っており、ス
チールはもちろん、動画にも対応。VR機能と組み合
わせた展開もできます。

01・投稿写真／カウネット／SNS

02・投稿動画／カウネット／SNS

03・リクルート／ゴルフ場
用品／会社人材募集HP

04・カレー再発見／ハウス食品／業務用カレーレシピ集

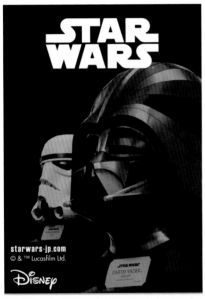

05・1/1scale papercraft character helmet series「ダース・ベイダー」「ストームトルーパー」／イシイ／スター・ウォーズ 1/1 サイズ ペーパークラフト／発売元：株式会社アイアップ※本商品は、ウォルト・ディズニー・ジャパン株式会社と株式会社アイアップの契約により、製造したものです。※完成品写真は撮影のため塗装等してあります。写真と商品とは多少異なりますのでご了承ください。

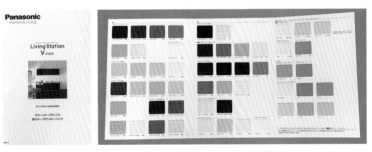

06・Living Station V-style カラーサンプル帳／パナソニック／見本帳

01・02・カウネット 企業SNS投稿用写真／動画制作 企画提案・撮影物制作・撮影を担当（01）カウネットキャラクター"カウ坊"のフラワーアート、ミニチュア家具などを制作しイベントにも設置された「カウ坊の部屋」、「カウ坊の秘密基地」（02）キャラクターミニカーを使ったカーレース動画 03・ゴルフ場用品 会社人材募集HP制作 社員インタビューや部署間での上司・部下との関係を人材育成ページとして提案 取材・撮影・コンテンツ制作まで一式制作 04・ハウス食品 業務用カレーの店舗向けレシピブック制作 デザイン提案・ディレクション・制作を担当 05・オリジナル商品販売 スター・ウォーズキャラクターのペーパークラフト ディズニーとライセンス契約のもと販売 06・パナソニック 商品サンプル帳制作 特殊印刷で商品の質感をリアルに再現 従来は商品を切り抜いて貼り付けるなどの手間がかかっていたものから、納期とコストの短縮を実現

株式会社
ウィルコミュニケーション
デザイン研究所

OAC会員

CONTACT ADDRESS

📍 [東京オフィス]
〒103-0001 東京都中央区日本橋小伝馬町
12-9 東京滋賀銀行ビルディング6F
📞 03-5651-3002 📠 03-5651-3007

📍 [大阪オフィス]
〒550-0014 大阪市西区北堀江1-3-24
ルイール北堀江3F
📞 06-6537-1901 📠 06-6537-1920

🌐 http://www.wcd.co.jp
✉ kida@wcd.co.jp(担当：木田)

COMPANY PROFILE

● 設立 1996年12月24日 ● 資本金 1,000万円
● 代表者 代表取締役社長 矢野 桂司
● 社員数 30人 ● クリエイター数 30人
● 平均年齢 37.5才

● 会社PR 私たちの名刺の裏には"What is communication?"と書いてあります。まだコミュニケーションデザインという言葉が浸透していなかった23年前、私たちは、これからの新しいコミュニケーションを探求していきたいという決意を胸に、創業しました。その当時の想いがこの言葉に込められています。
いま、テクノロジーによっていろいろなモノゴトの意味が変わっていく中で、新しい切り口や表現から考えていくことは、リスクとなってしまいました。生活者の一人として課題やベネフィットを考察し、商品やサービスが生活者はもちろん、社会にとって、どうあるべきかを再定義する。それをもとに生活者のタッチポイントを考えて、適したコミュニケーションを構築していく。なかなか一筋縄ではいかない難しい時代ですが、裏を返せば、新しいモノ、オモシロイコトを生み出していける時代。日常の再定義こそ、既知のイノベーションであり、私たちがやるべきこと。「多様性」をキーワードにこれからも進み続けて行こうと思っています。

めざすは多様な人がつくる、多様な視点のものづくり。

ウィルコミュニケーションデザイン研究所は、東京と大阪、2つのオフィスを拠点に展開しています。一人ひとりが、できる限り幅広い視野と感覚をもって「考え、表現する」ために、地域や業種に偏らず、仕事をするように努めています。そのかいあって現在、東京3、大阪4、中四国、九州3ぐらいの割合で仕事をしています。多様な価値観を大切にすることで、世の中にまだない新しい視点や体験を生み出していきたい。実はこの考えは、人に対しても当てはまります。銀行員から薬学研究員、メーカーのインハウスプロダクトデザイナー、旅行代理店の企画、TVのAD経験者など、ウィルコミュニケーションデザイン研究所の所員の経歴は見事なぐらいバラバラ。ひとつの思いのもとに集まった異年齢、異キャリア、異国籍のいろんな価値観が混ざり合って生まれる新たな視点のクリエイティブが私たちの強みです。

既成の枠の少し外れたところにある"何か"を探している際はぜひ私たちにお声がけください。思っていた以上の答えがみつかるかもしれません。

Public interest. それはコミュニケーションの新しい価値指標。

世の中にあふれる言葉とビジュアル。もうこれ以上、必要ないんじゃないかと思うぐらいある中で、どうコミュニケーションしていけば良いのでしょうか。一方的なPRではなく、コンテンツとして、誰かに、何らかのプラスをもたらしているかどうか。これからのコミュニケーションには、こうしたパブリックインタレスト（公益性）という視点が重要になってくるのだと思います。

便利なコト、効率の良いサービスが量産されているいまこそ、新しい社会にどんなコト＝物語が必要なのかを考え、コミュニケーションとして発信していければと考えています。

01・BRA RECYCLE／ワコール／WEBサイト

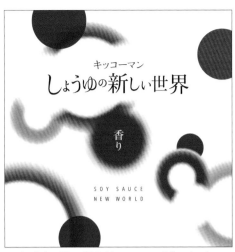

02・しょうゆの新しい世界／キッコーマン／パンフレット

03・シークレットキャンパス／高野山大学／
ポスター

04・シークレットキャンパス／高野山大学／
WEBサイト

05・枕崎フランス鰹節／WEBサイト

06・CYCLINGOOD／シマノ／広報誌

07・CYCLINGOOD／シマノ／WEBサイト

08・絆具（TSUNAGU）／千日前道具屋筋商店街／
WEBサイト

01・古くなったブラのリサイクルを促進するキャンペーン。立体的なマテリアル感を出すために刺繍イラストでキービジュアルを作成しました。02・しょうゆの香りや味、風味、食感を体系化させた世界初の「しょうゆのフレーバーホイール」をさまざまな視点で紹介し、新しいしょうゆの世界を表現しています。03・04・「目覚めよ。秘められし『己』の力。」をテーマに、シークレットキャンパスの告知ポスターとWEBサイトを作成。密教を体験し自分の隠された能力や自分を知る手がかりを得るきっかけになっていただくことを目的に制作しました。05・鰹節生産日本一の鹿児島県枕崎の水産加工会社が、フランスで初の鰹節工場を建設。和食の根幹を支える鰹節をヨーロッパに広めるためのプロモーションを展開しました。06・07・自転車が便利な移動手段としてだけではなく、楽しみながらココロやカラダが健康になる存在であることを広報誌とWEBサイトで幅広い層に伝えています。08・先人の築き上げてきた文化を未来につなぐことを目的に、大阪・千日前道具屋筋商店街が立ち上げた伝統道具の統一ブランドの紹介をしています。

グラフィック ☑

映像 ☑

WEB ☑

アプリ ☐

イベント ☐

パッケージ ☑

その他 ☑

株式会社
エージー

CONTACT ADDRESS

📍 〒105-0004　東京都港区新橋2-5-5
　　新橋2丁目MTビル

📞 03-5510-1591　📠 03-5510-2630

🌐 http://www.azinc.co.jp

✉ 担当：人事総務

COMPANY PROFILE

● 設立　1962年7月　● 資本金　5,005万円

● 代表者　代表取締役社長　秋元　敦

● 社員数　54人　● クリエイター数　33人

● 会社PR　エージーは1962年、広告制作会社として設立。それから50年以上にわたり、京王百貨店、カゴメをはじめ、さまざまなクライアントのクリエイティブを担当してきました。企業の商品やサービスを伝えるだけでなく、企業の「こころ」まで伝えたい。こうした考えのもとに仕事に取り組んでいます。その志は、いまも変わりません。私たちの仕事は、クライアントのコミュニケーション上の問題点を解決するアイデアを創造し、提案することです。エージーは、「魅力的で、質の高いコミュニケーションをデザインする」ことで、ブランド戦略からプロモーション戦略まで、クライアントの価値創造に貢献しつづけます。

01・パッケージデザイン（個装・外装）カゴメトマトジュースPREMIUM

02・発売キャンペーン（webデザイン・movie）　カゴメトマトジュースPREMIUM

03・D'URBAN ／ 株式会社レナウン ／ 交通広告

04・2019新春キャンペーン／ベルリッツ・ジャパン株式会社／交通広告

05・荒野のコトブキ飛行隊 大空のテイクオフガールズ／（ゲームアプリ）／バンダイナムコエンターテインメント
ピールオフ広告

06・無くそう逆走／NEXCO中日本／ポスター

07・日本を支える外国人篇／AC JAPAN／CM・
Web・ポスター・雑誌・新聞サイネージ

08・企業CM／NEXCO中日本／TVCM・Web

09・企業CM／富士通／TVCM・Web

01・02・パッケージデザインは原料のトマトの良さと高級感をシンプルに表現しています。外装はユーザーがそのまま家に置いておけるデザイン
で箱買いの販促効果を狙いました。パッケージ以外にもキャンペーン全体の企画、消費者キャンペーン・web・movie・店頭プロモーションデザイ
ン・インナーキャンペーンなど紐付く全ての施策をトータルで企画制作プロデュースしました。03・ブランドのアイコンであるロゴとスーツを、シン
プルに強く見せました。04・ベルリッツの強みは、レッスン中の小さなミスも講師が見逃さずにしっかり訂正すること。ストレートなコピーとビジュ
アルで表現し、確かな英語力を必要とするビジネスパーソンに向けて、"ビジネス英語といえばベルリッツ"というイメージを醸成しました。05・戦
闘機乗りの女の子達を主役としたアニメのアプリゲーム。アニメの世界観はそのままに、貼り付けたカイロを剥がしていくことで彼女達の駆る戦闘
機が見えてくる仕組みで期待感の盛り上がりをねらいました。06・NEXCO中日本が逆走事故防止のために取り組んでいるキャンペーン。逆走が
起こりやすい様々なシーンを切り取り、14パターン展開。より多くの人に訴求できるよう、危険なシチュエーションもポップで親しみやすいトーンで
表現しています。07・「リスペクト、多様性と思いやり」がテーマのCM。08・社会的課題への真摯な取り組みを伝えるCMシリーズ。09・富士通のス
ポーツへの取り組みを描いた企業CM。

株式会社オックス

OAC会員

CONTACT ADDRESS

📍 〒151-0051 東京都渋谷区千駄ヶ谷5-11-8
F2ビル

📞 03-4500-6565　FAX 03-5369-0840

🌐 http://www.oxox.co.jp

✉ ox@oxox.co.jp

COMPANY PROFILE

● 設立　1998年1月16日　● 資本金　750万円

● 代表者　井上博教

● 社員数　13人

● クリエイター数　12人（クリエイティブディレクター：
2名、アートディレクター：3名、デザイナー：3名、コピー
ライター：2名、編集ライター：2名）

● 平均年齢　35.5才

● 会社PR　オックスは、グラフィックデザインを中心に
企画から制作までワンストップで行える、「アイデア」と
「アウトプット」にこだわっているプロダクションです。
少数精鋭の制作会社らしく、一人ひとりの個性や才能、
センスを生かしながら、自由な発想と小回りの利く対応
で、ブランディング・広告・販促・広報などの幅広いクリ
エイティブワークを手がけています。近年は、PVや
Web動画といった映像コンテンツまで制作領域を
広げ、クライアント個々の動画コミュニケーションの
ご要望にもお応えしています。

［クリエイター中途採用］
採用計画、募集職種などの詳細はox@oxox.co.jpまで
お問い合わせください。

01・セレオ クリスマス／セレオ／ポスター

02・声かけ・サポート運動／JR東日本／
ポスター

03・エスカレーター利用におけるマナー
啓蒙／JR東日本／ポスター

04・シャポー市川リニューアル／シャポー市川／
ポスター

05・逆引き大学辞典キービジュアル／廣告社／
冊子表紙

06・イオングループ会社案内／イオン／パンフ
レット

07・シャポー小岩CLaSO／シャポー小岩／リー
フレット

08・クリスマスコレクション／ルミネ立川／リー
フレット

09・広島にあるカフェのロゴマーク／Hub Coffee
／ロゴマーク

10・ブランドコンセプトムービー／日本電子
専門学校／ムービー

11・強炭酸水クオスのWEBムービー & TV CM／株式会社OTOGINO／WEBムービー・
TV CM

01・シンデレラに魔法がかかり、ドレスが華やかなクリスマス仕様に変身する様子を表現。作家はDONAさん。02・駅や電車内での声かけを呼びかけるポスター。公共の場にふさわしいデザインを意識しました。ポスターの他、新聞広告や車体広告なども制作。03・駅構内や商業施設のエスカレーターにおけるマナーを啓蒙するポスター。04・リニューアルオープンのビジュアルをお花と動物たちのイラストを使って華やかに表現。作家はCui Cui.さん。05・90万部発行の本誌表紙デザインと全国で実施する進学イベント告知ポスターを制作。06・イオングループを紹介。お客さまとともに夢のある未来を目指すAEONを親しみやすいイラストで表現。07・秋のファッションリーフレット。季節を感じるあしらいを取り入れています。年5回制作。08・クリスマスのケーキやオードブルを紹介するリーフレット。全体的に白を用いて、統一感を出しました。09・広島でスペシャリティコーヒーを扱うコーヒースタンドのロゴ。誰にでも親しまれるようにエンブレムとキャラクターの2種デザインしました。10・ブランドメッセージを具現化したコンセプトムービーを制作、WEBやグラフィックへも展開。11・九州を拠点に活躍するジャズドラマー榊 孝仁氏を起用、強炭酸水の強さをドラム演奏で表現。

株式会社オンド

OAC会員

CONTACT ADDRESS

〒 107-0062 東京都港区南青山5-10-2
第2九曜ビル5階

03-3486-1460　FAX 03-3486-1461

http://www.onde.co.jp

info@onde.co.jp

COMPANY PROFILE

● 設立　1999年10月　● 資本金　1,000万円

● 代表者　佐藤　章

● 社員数　31 人　● クリエイター数　22 人

● 会社PR　ダイレクトマーケティングをはじめとした
セールスプロモーションの、企画から媒体制作までを
一貫して行うことにより、企業の"想い"を生活者に的
確に届けるためのサポートをいたします。
経験豊富なベテランから笑顔が絶えない若手まで、
個性豊かなスタッフが目指しているのは、効率を求め
るクリエイティブより情熱を持った血の通うクリエイ
ティブです。

● 業務内容

○各種販促ツールの企画・制作

○ブランディング戦略の構築（Brand DNA）

○クリエイティブエキスパートによる販促ツール評価（XPP®）

○ネットリサーチによるユーザーインサイト調査（XPR®）

● 採用計画

○新卒採用：グラフィックデザイナー若干名

○中途採用：業務拡大に応じて随時（プロデューサー/
コピーライター/ Gデザイナー/ Webデザイナー）

● 待遇と勤務

初任給：198,000円（2019年度新卒実績）＊中途採
用については、実績と能力を考慮し決定　昇級：給与
改定（年1回）　賞与：会社業績に応じて決定　勤務
時間：10：00〜18：00（裁量労働制）　休日・休暇：
週休2日（土・日）、祝日、年末年始、夏季休暇、年次
有給休暇　福利厚生：社会保険完備（健康・厚生年
金・雇用）・定期健康診断・会員制リゾートホテル及
び施設の利用

● 採用のポイント

元気の良さ、素直さ、そして笑顔。人柄は自ずと仕事
に現れます。協調性と積極性を持ち、目標に向かって
仕事に取り組める方の応募をお待ちしています。

01・ライトアップショッピングクラブ／各種カタログ

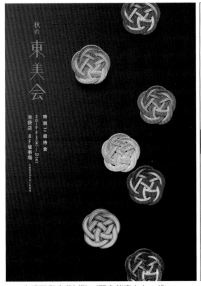

02・東武百貨店（池袋）／顧客催事カタログ

03・東武百貨店（池袋）／ランドセルカタログ

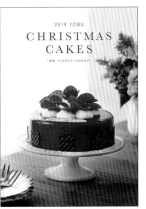

04・東武百貨店（池袋）／クリスマスケーキカタログ

05・東武百貨店（船橋）／ポスター・新聞折込

06・東武百貨店（船橋）／ポスター・POP

07・紀ノ国屋／折込チラシ

08・TOKYO創業ステーション／パンフレット

09・ハッスル★マッスル／パンフレット

10・常若／パンフレット

グラフィック

映像

WEB

アプリ

イベント

パッケージ

その他

クリエイティブ コミュニケイションズ 株式会社レマン

OAC会員

CONTACT ADDRESS

- 〒150-0002 東京都渋谷区渋谷1-19-25
- 03-3407-1013(代表) FAX 03-3407-1598
- http://www.cc-lesmains.co.jp
- info@cc-lesmains.co.jp

COMPANY PROFILE

- ●設立 1978年10月1日 ●資本金 4,800万円
- ●代表者 代表取締役社長 大橋 清一
- ●社員数 110人 ●クリエイター数 106人
- ●平均年齢 37.8才

●会社PR 「手」を意味するフランス語から採られた社名、LES MAINS(レマン)。クリエイティブ・ビジネスにおいては、「手」すなわち一人ひとりが持つ創造力以外に財産はありません。私たちは企業のコミュニケイション活動全般を担い、そのブランド価値を高めるクリエイティブサービスを提供する専門家集団です。

業務内容／企業のコミュニケイション活動全般における企画制作業務。キャンペーン企画、新聞・雑誌広告制作、TV-CF、ラジオCM制作、VP制作、カタログ・ポスター等制作、SP企画、イベント企画、パッケージ・POP・ディスプレイ制作、CI企画制作、PR誌等の編集、ホームページ制作・バナー広告・e-トレードコンテンツなどWEB関連制作物の企画制作

関連会社／(株)ディーブリッジ

主なクライアント／本田技研工業、ミサワホーム、セコム、P&G、三井住友銀行、東急グループ、リコー、コニカミノルタ、京急グループ 等

採用計画／グラフィックデザイナー、WEBデザイナー、コピーライター、プロデューサー 若干名
採用者の出身大学:東京藝術大学大学院、慶応義塾大学大学院、多摩美術大学、武蔵野美術大学、日本大学芸術学部、女子美術大学、東京造形大学、首都大学東京、早稲田大学、明治大学等 入社試験:5月予定
中途採用は随時受付(履歴書・職務経歴書を郵送)
連絡先TEL 03-3407-1013(代)総務部人事担当宛

待遇と勤務／初任給:大卒23万円(みなし残業手当含む)、通勤費全額支給※中途採用者の給与については経験・能力を考慮のうえ、当社規定により優遇します。
昇給:年1回 賞与:年2回 勤務時間:9:30〜18:30
※裁量労働制適用 休日・休暇:完全週休2日制、リフレッシュ休暇(年5日間付与)、年末年始休暇、その他当社規定休暇 福利厚生:社会保険完備

01・ブランドビジュアル／タカラベルモント／カタログ

02・セコム・ホームセキュリティNEO／セコム／CM

03・DERMED／三省製薬／ブランドサイト

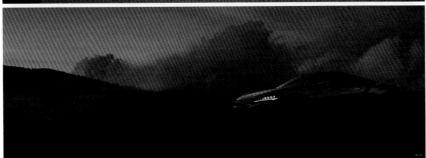

04・NSX／本田技研工業／カタログ

05・シャトル／本田技研工業／WEB

06・オデッセイ／本田技研工業／WEB

01・ヘアサロン向けプロユース商品を取り扱う企業の2019年度版ブランド・ビジュアルブック。企画から参加し、スタッフィング、撮影、フィニッシュまで行っています。02・セコムのテレビCMの企画立案から映像制作ディレクションまで担当。新しい暮らし、子どもの留守番、単身赴任における家族の安心感を描きました。03・年6回シーズンに合わせて展開する企画コンテンツ。女性の人生に寄り添う化粧品ブランドとして、季節を楽しむ女性と商品を一連のストーリーで紹介。04・Hondaが世界に誇るハイブリッド・スーパースポーツ、NSXのスピリットとパフォーマンスを、ハードカバー仕様の高級感あるカタログに再現。独創のスタイルとメカニズムが生むNEW SPORTS EXPERIENCEに迫ります。05・Hondaシャトルのモデルチェンジのプロモーションを担当。重厚な写真や上質なデザインにより、Newシャトルの向上した特別感や存在感をアピールしました。06・Hondaのミニバン「オデッセイ」のプレミアムな世界観を表現。スクロールに連動した演出や背景に動画を流すなど、WEBならではの手法を採用しました。

グラフィック
映像
WEB
アプリ
イベント
パッケージ
その他

コアプランニング
株式会社

OAC会員

CONTACT ADDRESS

📍 〒107-0062　東京都港区南青山6-13-15
📞 03-5778-2411　📠 03-5778-2417
🌐 http://www.coa.co.jp
✉ info@coa.co.jp（担当：三浦）

COMPANY PROFILE

● 設立　1974年8月　● 資本金　1,200万円
● 売上高　5億5,000万円（2019年7月決算）
● 代表者　代表取締役社長　竹村 俊彦
● 社員数　20 人

● 会社PR　私たちは、お客様の課題をクリエイティブで
解決していく集団です。営業、コピーライター、デザイナーが
目標を明確に共有し、それぞれが持つプロフェッショナリ
ズムを最大限に発揮して日々制作に努めています。
すでに顕在化している課題は、本当に始めに解決すべき
課題でしょうか？私たちは、お客様からのご依頼を様々
なアプローチで考察し、当たり前の様に「広告」という手段
によらず、様々な媒体を用いてベストな解決策を提供
します。
例えば「セールスマニュアル」。商品のポイントは何か、
それはエンドユーザーのニーズに適っているか、ならば
どのように訴求するのが効果的か。これらを知るために、
社員一人一人がお客様と同等、もしくはそれ以上に商品知識
や市場動向をインプットし、アイデアを絞り出しています。
こうした姿勢は、創業から46年を経た現在でも弊社の
「個性」として人材から人材へと受け継がれ、お客様から
厚い信頼を得る「核」になっていると自負しています。

・ELF／いすゞ自動車販売株式会社／ポスター

・ELF 平ボディ／いすゞ自動車販売株式会社／カタログ

・ELF訴求リーフレット／いすゞ自動車販売株式会社／リーフレット

・GIGA TRACTOR／いすゞ自動車販売株式会社／カタログ
・GIGA CARGO／いすゞ自動車販売株式会社／カタログ

・ELF ホームページ／いすゞ自動車販売株式会社／Web

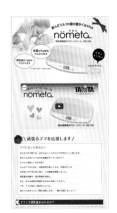

・ノビリンクEX LP／ロート製薬株式会社／Web
・nometa 商品ページ／株式会社タニタ／Web

・GALA／いすゞ自動車販売株式会社／カタログ

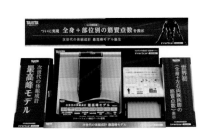

・innerScan DUAL RD-800什器／株式会社タニタ／家電店什器

・ウェルネスフードジャパン ロートブース／
　ロート製薬株式会社／展示会ブース

商品を徹底的に研究するのはもちろんのこと、網羅的に収集した関連分野の資料・最新のデータをベースに、長年培ってきた弊社の制作ノウハウを加味。
企画会議における【販売コンセプトの構築】【商品コンセプトの構築】【表現コンセプトの構築】を経て、具体的なクリエイティブを創り出します。品質マニュア
ルに則ることで、企画精度が向上するとともに、弊社の企業理念でもある「どこにもない、真似のできない、適切である」コンセプトワークを実現しています。

グラフィック ☑
映像 ☑
WEB ☑
アプリ ☐
イベント ☑
パッケージ ☑
その他 ☑

サン・クリエイティブ
株式会社

OAC会員

CONTACT ADDRESS

〒105-0003　東京都港区西新橋2-13-3
西新橋二丁目ビル 2F

☎ 03-5501-0005　FAX 03-5501-0006

🌐 http://www.sun-cre.jp

✉ info-sc@sun-cre.jp（担当：髙岡）

COMPANY PROFILE

● 設立　2013年8月2日　● 資本金　600万円
● 代表者　代表取締役社長　渡辺 直穂子
● 社員数　8人＋ネットワークスタッフ
● クリエイター数　8人

● 会社PR　愛と知恵とクリエイティブと。
私たちはスピーディーな対応力でトータルサービスを
ご提供します。
よりクオリティ高く、効果的なクリエイティブワークを
行うために、私たちはコミュニケーションを一番大事
にしています。クライアントの声を引き出す力、聞き
出す力、そしてエンドユーザーの声を聞く力、トレンド
を見る力などなど…私たちは既成概念や枠にとらわ
れず、いつも最適なソリューションをご提案します。
私たちは3つのミッションがあります。
1）企画の基となるのはマーケティングリサーチ。
コンセプトづくり、テーマ設定から調査、立案まで。
特に航空＆旅行業界において、様々な需要に多角的
に対応してまいります。
2）目に見えないサービスにおいて、販売に結びつけ
るための様々な仕掛けをご提案します。
グラフィック、WEB問わず、動画やイベントまで最適
なセールスプロモーションをご提案します。
3）私たちはデザインに意思があり、普遍的な意思を
備えているクリエイティブを提案し続けます。

01・セブ・ベトナム旅行への誘い／フィリピン航空・ベトナム航空×国際開発株式会社共同企画
／車両広告・中吊りポスター

02・2020年障がい者向けリクルート／株式会社JTBプランニングネットワーク／リーフレット

03・仙台発台湾キャンペーン／台湾観光協会／仙台空港壁面広告・ポスター

04・ANAで行こう!!／ANAセールス株式会社／WEBサイト・車内広告・店頭販促物一式

05・冷凍食品クロワッサンたい焼／
株式会社ホットランド／パッケージ

06・中部発バリ島旅行促進キャンペーン／ガルーダ・インドネシア航空・国際開発株式会社／
中京テレビ制作番組「ぐっと」

07・会社案内／株式会社落合／WEBサイト・リーフレット

08・美味しいヨーロッパ100選／
一般社団法人JATA／ロゴ

01・フィリピン、ベトナムの各ナショナルフラッグと特定地域特化型旅行専門店とのコラボレーション企画。現地でモデル撮影・取材を行い多彩な魅力を訴求すべくオリジナル性の高い車内広告を5種類制作し、トレインジャックを行いました。02・障がい者の方が現場をイメージしやすくするため、先輩スタッフをインタビュー、1日の流れをイラストにしました。03・地方発、台湾アウトバウンドのためのキャンペーン。台北のみの送客に偏らないよう主要都市を写真で展開し、仙台弁を起用し親しみやすくしました。04・リテール、ホールセラーの両部門において販促を強化。特にホールセラーにおける車内広告、店頭広告においてはイメージの統一を図り店頭への送客につなげます。05・全国のコンビニエンスストアで販売するにあたり商品特性を分かりやすくするための撮影ディレクションも行っています。06・ガルーダ・インドネシア航空セントレア空港−ジャカルタ線利用促進のためのテレビ番組を選定し、ロケ地選び、構成を手がけました。07・創業70年の老舗らしさの中に、新社長就任の新しさを感じていただけるようWEBサイト、会社案内、リクルート用リーフレット制作を行いました。08・キャンペーンテーマである"ヨーロッパの旅を通して地元の味覚を楽しむ"をクロッシュ（料理に被せる銀色の蓋）をモチーフに、ヨーロッパでの新しい食の発見を表現。各旅行会社のパンフレットで展開予定です。

株式会社
ジェイスリー

OAC会員

CONTACT ADDRESS

📍 〒105-0003　東京都港区西新橋2-11-6
　ニュー西新橋ビル 7F
📞 03-3519-3931　📠 03-3519-3935
🌐 https://www.jaythree.com
✉ 上記Webサイト「お問い合わせフォーム」より
　お問い合わせください。

COMPANY PROFILE

● 設立　1986年5月29日　● 資本金　1,000万円
● 代表者　代表取締役　千坂 和壽
● 社員数　27人　● クリエイター数　24人
● 平均年齢　38才

● **会社PR**　1986年の創業期から多くの雑誌や販促ツールのアートディレクション、エディトリアルデザインを担ってきました。同時にインターネット創成期からWEB構築やシステム開発などデジタル領域にも取り組み、以後30年以上にわたって幅広い分野でお客様の支持をいただいています。

お客様とエンドユーザーのコミュニケーションをクリエイティブのチカラで解決し、効果を最大化することが我々のミッションです。
現在は、企業や省庁をはじめ、地方自治体の課題を調査分析し最適な施策をリアル・デジタルの領域を問わず、企画制作から集客までワンストップで提供しています。

また得意とする旅行観光業においては、昨今高まる訪日外国人観光客の対策に、インバウンド向けのソリューションやサービスを積極的に展開しています。外国人の目線と感覚でグローバルに「伝わる」クリエイティブを目指して今後も取り組んでまいります。

お客様のお悩みを可視化し、効果的な施策を実施。検証と改善を継続していく課題解決力が強みです。

お客様へのヒアリングから、ユーザーの行動分析、競合分析など様々な調査・分析の結果に基づいた課題抽出を行います。
豊富なスキルやノウハウ、幅広いネットワークを活かし、集客や販売促進、ブランディングなど成果に結びつくプランニングをご提案しています。また効果検証を長期的に行い運用改善で施策効果を高めます。

クリエイティブの品質にこだわり、施策に対する効果の最大化と、継続を目指します。

コンテンツの企画・編集からアートディレクション、取材撮影、コピーワークまで、施策の効果を最大化するためにクリエイティブの品質に徹底的にこだっています。
また、創り出すだけでなく、定量的かつ定性的な効果を継続していくためのアイデアを常に提案していくことで、お客様からの厚い信頼と高い満足度を得ています。

01・FeelKOBE＋／神戸観光局／WEBサイト

02・Go Smarter／UPWARD／トータルブランディング

03・SENPAI JAPAN／株式会社ジェイスリー／WEBサイト

04・採用サイト 2020／ミヨシ油脂株式会社／WEBサイト

05・JAL Guide to Japan／日本航空（JAL）／WEBサイト

06・カジュアルクルーズ さんふらわあ／
株式会社 商船三井／WEBサイト

07・アロハストリート／Wincubic.com, Inc.／
フリーマガジン

08・アロハストリート／Wincubic.com, Inc.／
WEBサイト

01・英語・中国語（繁・簡）・韓国語のインバウンド向けWEBサイトのリニューアルを実施。外国人の目線で魅力的なモデルコースも企画・作成しました。02・「Go Smarter」をコンセプトに、リブランディングを行いました。セールスツールからオフィスのインテリアまで、一貫したブランドイメージを構築しました。03・日本在住の外国人ライターを起用し、日本の見どころやマナーなど、より深く楽しめる訪日外国人向けオウンドメディアサイトを運営しています。※センパイじゃぱん®（第5892726号）及びSENPAI JAPAN®（第5846151号）は株式会社ジェイスリーの登録商標です。04・企業の強みである社員自身を前面に打ち出し、学生に響くコンテンツを意識した採用サイトを構築しました。05・訪日外国人向けに、「上質な旅」をコンセプトにした体験や観光スポットなどを紹介するJALのオウンドメディアサイトを構築しました。06・船旅としてのフェリーを知ってもらうためのオウンドメディアサイトを構築しました。07・ハワイに設置されている日本人観光客向けのフリーマガジン「アロハストリート」。雑誌のような読み応えや楽しさ、持って帰りたくなってもらえるようなデザインを心掛けています。08・ハワイ総合情報サイトの先駆的な存在「アロハストリート」。常にユーザー・運営者・広告主の三者それぞれの観点を見据え、WEBサイトリニューアルから公開後の分析・改善まで、長期的な計画とともに運用を行っています。

株式会社ショウエイ

OAC会員

CONTACT ADDRESS

📍 〒112-0005　東京都文京区水道2-5-22

📞 03-3811-6271　📠 03-3811-6276

🌐 http://www.shoei-site.com

✉ main@shoei-site.com（担当：辻）

COMPANY PROFILE

- 設立　1953年3月6日　● 資本金　1,000万円
- 代表者　代表取締役社長　井上 亘
- 社員数　45人　● 平均年齢　35才

● 会社PR　私たちショウエイは、常に新しい事や面白い事に積極的に挑戦していきたいと考えております。3人のクリエイターとコラボレーションした展示会「紙と、インクジェットと、三人のマニアたち。」では、たくさんの方々にお越し頂き、多くの反響を頂きました。
国内外の広告賞向けの印刷も多数ご依頼頂いており、「BioClub」と「YouFab Global Creative Awards」が世界的なデザインアワード、THE ONE SHOW、D&AD、NY ADCで数々の賞を受賞。
21_21 DESIGN SIGHTで開催の企画展「虫展 －デザインのお手本－」では新鮮な驚きを世に提供し続けている、三澤デザイン研究室の展示をお手伝いさせて頂きました。
他にも、大相撲錦絵の第一人者である木下大門氏との作品制作など、アート・ファッション・音楽・映画・ストリートカルチャーなど、様々な分野とのコラボレーションにも積極的に取り組んでおります。
各種印刷、展示、コンペ出展、イベント等で困った事、やりたい事などございましたら是非ご相談下さい。

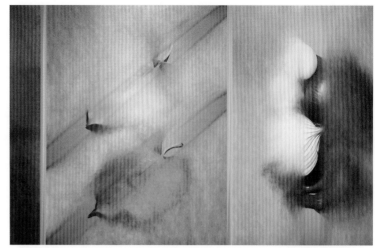

01・粒をレイアウトしてみる／田中せり／展示会「紙と、インクジェットと、三人のマニアたち」

02・あまりっこ動物／小柳祐介／展示会「紙と、インクジェットと、三人のマニアたち」

03・Touching is Seeing／八木 彩／展示会「紙と、インクジェットと、三人のマニアたち」

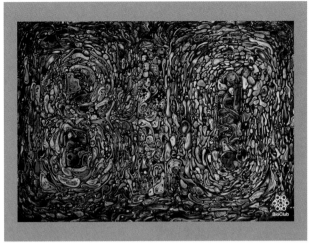

04・「BioClub」ビジュアルデザイン／SHA／ポスター

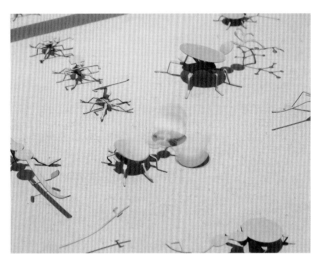

05・「虫展 －デザインのお手本－」展示作品／三澤デザイン研究室／企画展「虫展 －デザインのお手本－」　　　　　　　　　Photo by Ohki Daisuke

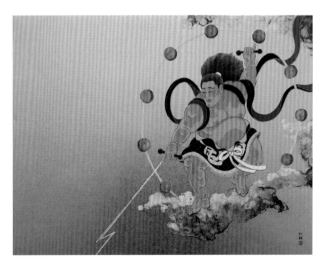

06・「風神」と「雷神」／木下大門／アート・インテリア

01・インクの吹き出し口と印刷台の間に無関係な物を置くことで、その予定調和を壊すことに挑戦した作品。02・捨てられてしまう紙の端材に印刷
し、子どもたちが遊べるおもちゃに生まれ変えらせた作品。03・視覚ではなく、触覚で感じるポスター。インクの厚盛り等で様々な質感を表現。04・
ホログラムのシルバー紙に印刷。クリアインクの厚盛りを効果的に使用した作品。世界的なデザインアワード、「THE　ONE　SHOW」、「D&AD」、
「NY ADC」で多数受賞。ニューヨークの「THE ONE SHOW」では３部門でゴールドを獲得！！05・レーザー加工機とUVインクジェットを駆使して
何度も検証を繰り返した展示は圧巻！！06・相撲錦絵の第一人者、唯一無二の浮世絵師、木下大門氏の作品を本金箔紙にUVインクジェットで印刷。

株式会社 スタヂオ・ユニ

OAC会員

CONTACT ADDRESS

📍 〒160-0022 東京都新宿区新宿2-19-1
ビッグス新宿ビル 9F/6F（制作）
📞 03-3341-0141　📠 03-3341-0145
🌐 http://www.studio-uni.com
✉ info@studio-uni.com

COMPANY PROFILE

● 設立　1958年8月1日　● 資本金　1,000万円
● 売上高　14億円（2019 年4月決算）
● 代表者　代表取締役社長　佐藤昭一
● 社員数　90 人　● クリエイター数　78 人
● 平均年齢　39才

● 会社PR　スタヂオ・ユニは、半世紀以上の長きにわたり、国内最大手の百貨店グループをはじめとしたクライアントの広告戦略・制作に携わってきました。その歴史の中で信頼をいただくために心がけてきたこと。それは、時代や手法、広告を取り巻く環境にフィットし続けることです。

紙媒体がプロモーションメディアとして全盛だった時は過ぎ去り、いまはWEBを中心としたデジタルプラットフォームの時代。この大きな変化の中でも、クオリティとスピードを落とすことなく、クライアントの課題を解決するためのアイデアやアウトプットの研鑽と、組織としての体制を整え続けてきました。

変化の激しい広告業界の中で、環境や新しいニーズに適応していく力。そして、期待を超えるクオリティを追求し、真摯に取り組む姿勢。それが、スタヂオ・ユニの考えるクリエイティブの力です。

クリエイティブ＆ストラテジーメニュー：
○CI・BI・VI　○印刷物　○Web　○Web運用/レポーティング/コンサルティング　○映像　○プロダクトデザイン　○データマーケティング　○広告・プロモーション戦略　○コンテンツマーケティング 他

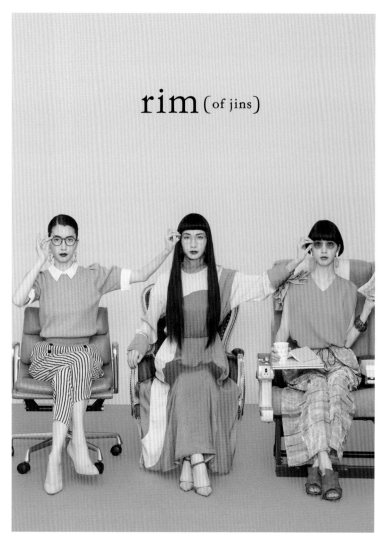

01・rim of JINS リブランディング／JINS／WEB・POP・コンセプトブック・店内装飾

02・オンリー・エムアイ 春のキャンペーン 2019／三越伊勢丹／WEB

03・銀座三越 バレンタインカタログ／
三越伊勢丹／カタログ

04・2019 HINKA RINKA 秋のキャンペーン「ミノリンカ!」／東急百貨店／
WEB・POP・フライヤー・ノベルティ・店内装飾

05・伊勢丹のゆかた ISETAN YUKATA
SELECTION 2019／三越伊勢丹／WEB

06・東急ハンズ ヒントマガジン／東急ハンズ／
WEB

07・AOKI' STYLING JOURNAL ONLINE
A/W COLLECTION／AOKI／
デジタルカタログ

08・お魚のすりみでできた乾燥キャラチップ
「キャラフル」／バンダイ／WEB

09・かいじゅうステップ 円谷プロ／WEB
©円谷プロ ©かいじゅうステップ
ワンダバダ製作委員会

01・JINSの新業態として2016年よりルミネ店舗にて展開しているrim of jins。2019年3月よりリニューアルした同ブランドのトータルディレクションを担当。
02・「オンリー・エムアイ」とはお客さまから寄せられた要望や声にお応えして、三越伊勢丹が商品化やサービスを企画する全店キャンペーン。 03・テー
マは「Wonder Land -甘くとろける魔法-」。食べる人を笑顔にする「チョコレートの魔法」をかけるイメージでデザイン。 04・「ザッカマーケット セレクト
ストア」HINKA RINKA。秋のキャンペーンを制作。 05・伊勢丹新宿店の2019年の新作ゆかたの紹介を中心に、ゆかたにまつわるイベントやサービスま
で網羅したWEBサイト。 06・暮らしのヒントを伝える、東急ハンズのコンテンツマーケティング施策。 07・PC、スマートフォンでも可読性のある表現
を心がけ、今期のテーマ、売り出したい商材をわかりやすく構成。 08・キャラフルを使ったアレンジレシピやママのリアルな声を聞く座談会などWEBコ
ンテンツを制作。 09・円谷プロダクションからデビューしたシリーズ「THE KAIJU STEP（かいじゅうステップ）」の世界を紹介するWEBサイト。

✓	グラフィック
✓	映像
✓	WEB
☐	アプリ
☐	イベント
✓	パッケージ
✓	その他

株式会社スパイス

＆スパイスグループ：アドソルト/セサミ

OAC会員

CONTACT ADDRESS

〒107-0052　東京都港区赤坂2-17-46
グローヴビル

03-5549-6130　FAX 03-5549-6133

http://www.spice-group.jp

info@spice-group.jp

COMPANY PROFILE

- 設立　1984年3月30日　● 資本金　5,100万円
- 売上高　155,900万円（2019年7月決算）
- 代表者　代表取締役社長　東海林鉄男
- 社員数　183人　● クリエイター数　110人
- 平均年齢　30.2才

● 会社PR　「変化を、進化の糧に」スパイスグループは
1984年の創立以来、常に時代の先を見つめながら日々
進化を重ね、現在ではグラフィックデザインを主軸に、
WEBデザイン、3DCG、TVCM、モーションキャプ
チャーの輸入販売までを行う総合広告制作会社へと
成長してきました。
昨日の成功事例が今日はもう通用しないほど変化の
激しい広告界で、これからもクライアント様の要求に
高いレベルでお応えするために、有機的な事業展開、
組織編成、そして人員配置を行っていきます。
最適解を導くための、一切の変化を恐れません。
これから先、想像もしないようなテクノロジーが生まれ、
これまでのセオリーがまったく通用しない状況が訪れ
ても、スパイスグループはこれまで同様、変化を喜び、
進化への糧にしていきます。

01・新潮文庫の100冊／株式会社 新潮社／店頭ポスター・新聞15段

02・DHC Hot Body Gel／DHC／B2ポスター

03・DHC薬用リップクリーム×THE RAMPAGE コラボキャンペーン／DHC／40連貼りポスター

04・GLOBAL WORK／ADASTRIA／店内壁面ポスター

05・三ツ矢サイダー／アサヒ飲料株式会社／店頭ポスター・スカイツリージャックポスター

06・SATIS／LIXIL／A1ポスター

07・第2回全国統一防災模試／ヤフー株式会社／屋外広告

08・日本盲導犬協会 きみと一緒だから。／
AC JAPAN／交通広告（B0ポスター）

09・たまねぎ みそクリーム
スープ／マルコメ／パッケージ、
キャラクターデザイン

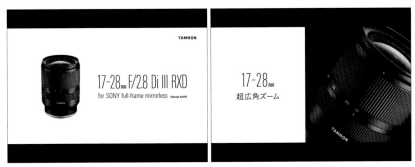

10・17-28mm F/2.8 Di III RXD (Model A046)／株式会社タムロン／
製品ブランドサイトムービー

11・茨城県公認Vtuber茨ひより／茨城県／
茨城県公式YouTubeチャネル

01・毎年夏に書店で行われる大々的な文庫フェアのキャンペーンツールを一式制作しました。02・「塗るだけで痩せる」新感覚の商品。現役アスリートを起用した広告キャンペーンで店頭ポスターからOOHメディア、ノベルティまで制作しました。03・渋谷・梅田にキャンペーンの告知広告を掲出。ファンの方のフォトスポットとしてSNSで話題となりました。04・2019SSのブランド広告を制作しました。様々な人種・年齢・性別が入り混じるパノラマビジュアルです。05・店頭ポスターからスカイツリーエリアでの広告ジャック企画まで一連のクリエイティブキャンペーンに携わりました。06・汚れがつきにくいアクアセラミックの技術を講談を通して伝わるよう、コマ割り表現でデザインしました。07・2年前に銀座に掲出した津波の高さを体感させる「ちょうどこの高さ。」をコピーの内容を今年版にアップデートして出稿しました。08・「受け入れ拒否」という重いテーマに対して、親しみやすいイラストでギャップを印象的に表現。中吊り広告、雑誌、新聞、ビルボードなど幅広く展開しました。09・ローソンで販売されているスープのパッケージです。玉之助というキャラクターをデザインしました。10・F/2.8大口径超広角ズームレンズの最大の特徴である「軽さ」を浮遊感や白い空間で表現しました。11・地方公共団体初公認となるバーチャルキャラクター。茨城県が運営する「いばキラTV」のアナウンサー。

グラフィック ☑
映像 ☑
WEB ☑
アプリ ☑
イベント ☑
パッケージ ☐
その他 ☐

セットクリエイト
株式会社

OAC会員

CONTACT ADDRESS

〒102-0083　東京都千代田区麹町3-7-7
セット東京ビル6F/7F
03-5214-0513　FAX 03-5214-0518
〒461-0005　愛知県名古屋市東区東桜
1-9-29 オアシス栄 10A
052-955-5014　FAX 052-955-5013
http://www.setcreate.co.jp
info@setcreate.co.jp

COMPANY PROFILE

● 設立　2013年4月1日　● 資本金　1,000万円
● 売上高　31,400万円（2019年3月決算）
● 代表者　代表取締役　川井 克彦
● 社員数　18人　● クリエイター数　17人
● 平均年齢　39才

● 会社PR　戦略立案からデザイン、撮影、映像制作、
3DCG、画像処理とすべてのクリエイティブをトータル
で行います。「わかりやすく」「美しく」「エモーショナル
に」そして「革新的に」をキーワードに共感を呼ぶクリエ
イティブを目指しています。

01・"あったらいいな"をカタチに。／新明和工業株式会社／カタログ

02・Hitachi VRF Systems／ジョンソンコントロールズ日立空調／カタログ

03・RAV4／トヨタ自動車株式会社／カタログ

04・ENGELBERG TOURER／三菱自動車工業株式会社／プレスリリース

05・PAJERO SPORT／三菱自動車工業株式会社／プレスリリース

01・新明和工業株式会社パーキングシステム事業部のカタログ。当事業部の技術力やメリットを親しみやすいイラストを通して、お客様にわかりやすく訴求しています。02・日立が海外向けに展開する富裕層向け空調製品のカタログ。日立のブランドイメージを表現したデザインとするとともに、ユーザー、ビルオーナー、設置業者など、さまざまなお客様にとってのメリットを訴求しています。03・トヨタ自動車「RAV4」の海外向けのカタログ。ビジュアルはアクティブな走りの演出で、ハイスピードカメラで撮影したような演出にこだわって制作しました。04・ジュネーブモーターショーで出展された「ENGELBERG TOURER」。クロスオーバーSUVのコンセプトカー。ウィンタースポーツの頼れる相棒というコンセプトから雪に拘りを追求しました。ライティングは床の光の演出に時間をかけて仕上げました。05・タイモーターショーで出展された「PAJERO SPORT」。フラグシップSUVらしい力強い走りと、佇む姿に優雅なひと時を感じさせるビジュアル。

グラフィック

映像

WEB

アプリ

イベント

パッケージ

その他

株式会社
たき工房

OAC会員

CONTACT ADDRESS

📍 〒104-0045　東京都中央区築地5-3-3
　　築地浜離宮ビル

📞 03-3524-5280　📠 03-3543-2176

🌐 https://www.taki.co.jp

✉ info@taki.co.jp

COMPANY PROFILE

● 設立　1960年3月8日　● 資本金　1億円

● 代表者　代表取締役社長　湯浅 洋平

● 社員数　232人　● クリエイター数　162人

● 平均年齢　37才

● 会社PR　創業から60年、グラフィックデザイン主体の制作プロダクションとして多くの記憶に残る仕事に携わってきました。さらにいまビジョン「デザインエージェンシー」のもと、デザインが持つ「物事の本質を見つけ出し、人に届くカタチにして伝える力」を強みとして、デザインで解決できるすべての領域へと踏み出しています。デザインのノウハウを活用したブランディング、デザイン×テクノロジーによるプロモーションなどの新しい提案も加えて、デザイナー、コピーライター、プランナー、プロデューサー、エンジニアの200名超がお客様のご要望にお応えしていきます。また"ヒトに「伝えたくなる」をつくる"をキャッチフレーズに、デザインとアイデアの力で、実際に利用・活用していただける多彩なプロダクトを開発。「TAKI PRODUCTS」というブランド名で販売も行っています。

※Creators' index164ページ、髙木紳介、加越博仁もご参照ください。

01・「WOW 驚きを実現へ」／日立化成株式会社／新幹線デッキ広告

02・「朝の茶事」リニューアルプロモーション／株式会社JR東日本ウォータービジネス／まど上チャンネル、キャンペーン企画、イベント等

03・東京駅にある約240店舗のCS・ES向上施策／株式会社鉄道会館／ブランディング、グラフィック、動画等

04・「重ねドルチェ」／雪印メグミルク株式会社／パッケージ

05・TSUCHIYA KABAN BOOKS／株式会社土屋鞄製造所／
ブランドブック

06・コーポレートサイト／三井不動産株式会社／WEB

07・CONNECTアプリ／
エンコアードジャパン株式会社／UI・UX

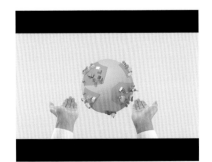

08・「鉄は、人と地球とともに」／日本製鉄株式
会社／ムービー

09・「一期一句」／たき工房地場産業プロジェクト／
ムービー

10・Book cover LIGHT／（TAKI PRODUCTS）

01・スローガン「驚きを実現へ」の世界を、夕暮れ時に蛍の光跡が偶然"WOW"の文字になっているビジュアルをリアルで緻密な表現で描写。02・「朝の茶事」リニューアルの認知拡大を目的として、働く人のカラダ目覚めるエクササイズ「朝茶体操」を軸としたプロモーションを展開。03・社員やスタッフが同じ方向を向き、一体感を持ってお客様と関わりあえるような新たなCSサービスコンセプト「Make the ONE.」を開発。店舗を超えて、互いの仕事を褒め合うアワードも開催。04・親しみやすさとおいしさを伝えるため、特徴的な4つの層をリアルな写真で全面に配置。商品のシズル感を最大限に活かしたパッケージにしました。05・店頭やWEBで配布するブランドブック。「ANOTHER VIEW」をコンセプトに、それを体現する方々や土屋鞄製造所の社員をメインに取材を行い、一冊の本にまとめた。06・「未来を見据えた街づくり」をテーマに、三井不動産を代表する3つの施設に行き交う人々、生活する人々、ビジネスをする人々を撮影した動画を、ファーストビューに配置。07・IoTを利用した「安心な毎日」を提供する「CONNECT」。サービスロゴ、ウェブサイト、アプリのデザイン開発。08・鉄をもっと身近に感じてもらうため、工場見学にくる小・中学生を中心に幅広い層へ向けた動画を制作。09・株式会社 築地活字との共同プロジェクトから生まれた活版印刷で作る15文字の手紙「一期一句」のイメージムービー。「ニッポンものづくりフィルムアワード」で特別賞を受賞。10・本を守るという従来の機能に、照明機能を付けたブックカバー。外出先や寝室、暗い場所でも気にすることなく読書を楽しむことができる。

株式会社
ティ・エー・シー企画

OAC会員

CONTACT ADDRESS

📍 〒105-0013 東京都港区浜松町1-10-14
　住友東新橋ビル3号館5階

📞 03-6403-4151　📠 03-3434-7131

🌐 https://tac.co.jp

✉ welcome@tac.co.jp

COMPANY PROFILE

● **設立**　1973年2月　● **資本金**　2,000万円
● **代表者**　代表取締役社長　田中 一朗
● **社員数**　50人　● **クリエイター数**　35人
● **平均年齢**　36才

● **会社PR**　私たちティ・エー・シー企画は、広告クリエイティブを通じてクライアント企業をサポートする、トータルコミュニケーションカンパニーです。1972年の創業以来、広告・SP・PR誌や各種WEBサイトの制作、システム・アプリケーションの開発、プロモーションイベントの企画と実施、映像制作など、幅広い事業領域で挑戦を続けています。

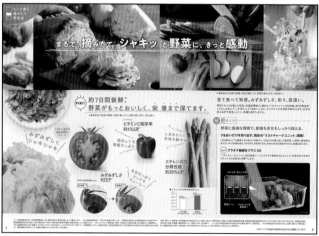

01・VEGETA／東芝ライフスタイル／WEBサイト、映像、カタログ

02・販促ツール／アーラ フーズ／ポスター、製品ガイド、店頭ツール

03・販促ツール／森永乳業／
リーフレット

04・キャンペーン／森永乳業／
店頭ツール

05・MAESTRO／レイモンド・ウェイル／雑誌広告

次のテストで結果を出す。

06・河合塾GRIT開校プロモーション／河合塾／
ロゴマーク、ポスター

07・集客キャンペーン／エー・ピーカンパニー／ポスター、キャンペーンサイト

01・大手家電メーカーにおける冷蔵庫の年間プロモーションを担当。企画からWEBサイト・店頭動画・商品カタログの制作まで一貫して携わりました。**02**・ヨーロッパ最大級の乳製品メーカー、アーラ フーズ。各ブランドイメージを確立するデザインで、認知拡大へとつなげています。**03**・妊娠期に必要な栄養を案内し、商品の必要性を感じさせる病産院向けリーフレットを制作。**04**・店頭POP一式を手がけ、商品リニューアルを大々的に訴求しました。**05**・高級時計ブランドの商品広告。世界的に活躍し、高い審美眼を持つ文化人を起用。キャスティングから取材、撮影までトータルに行いました。**06**・学習塾のロゴマークやキービジュアルを開発。ポスターのほかデジタルサイネージやリーフレットなども制作して新規開校を告知。**07**・忘年会集客キャンペーンにおける、ポスターなどの店内ツール、WEBサイトの制作を担当。宴会シーンをイラストでコミカルに表現し、塚田農場ならではの楽しさをアピールしました。

グラフィック ✓

映像 ✓

WEB ✓

アプリ ✓

イベント ✓

パッケージ ✓

その他 ✓

株式会社
電通テック

OAC会員

CONTACT ADDRESS

📍 〒100-8508　東京都千代田区内幸町1-5-3
新幸橋ビル

📞 03-6257-8000

🌐 https://www.dentsutec.co.jp/

COMPANY PROFILE

● 設立　2017年1月4日　● 資本金　10億円
● 代表者　代表取締役社長執行役員　松原 靖広
● 社員数　856人（2019年1月1日現在）

● 会社PR　電通テックは、デジタルを起点としたプロモーション領域全般の課題解決を担うプロフェッショナル集団です。プロモーション×デジタル×クリエーティブ×プロダクツが自在に融合し、クライアントの課題に応じた最適なソリューションを企画から実施までワンストップでご提供できるのが、最大の強みです。

晴れの国の
陽気なピクルス

自然に恵まれ、のんびりのどか。
日本一晴れの日が多く、おかげで、うまいものも多いから
みんなニコニコできげんで生きている。
晴れの国　岡山の矢掛町・美川地区から
明るく元気で、おいしく、やさしい。
陽気なピクルス、できました。あ、ディップソースもね！

Mikawa Terrace

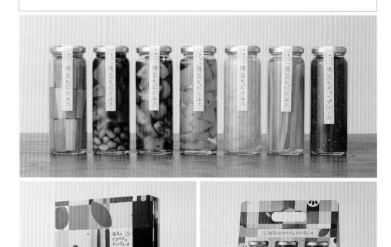

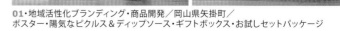

01・地域活性化ブランディング・商品開発／岡山県矢掛町／
ポスター・陽気なピクルス＆ディップソース・ギフトボックス・お試しセットパッケージ

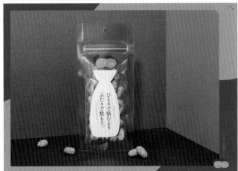

02・プロダクト開発「mikke design lab.」
「ナッツのおことば」／竹新／ポスター

03・BOSS×NAVITIME トラックドライバー応援プロジェクト／
サントリー・ナビタイムジャパン／ポスター・Webムービー

04・コンテンツ開発「パンダの穴」／
電通テック×タカラトミーアーツ／ガチャ商品

05・ブランド開発「Yamasanka」／電通テック／Webバナー・プロダクト

01・野菜づくりから食品製造、販売・流通までトータルな企画・コミュニケーションデザイン開発を実施。パッケージは「日本ギフト大賞」「ウッドデザイン賞」を受賞しました。02・mikke design lab.（ミッケデザインラボ）は、企業が抱えている課題を、商品開発を軸にアイデアとデザインで解決するデザインユニット。その名の通り、「いいもの、見っけ！」を世の中に発信するプロジェクトです。03・トラックドライバーに日頃の感謝とエールを贈るコラボキャンペーン。2019年度TCC新人賞、2019CCN最高賞、第17回JPMプランニングソリューションアワード2019銀賞を受賞。04・パンダの穴は、電通テックとタカラトミーアーツで立ち上げたガチャブランド。累計販売数3,000万個を突破し、昨年台湾で初の単独イベントでは16万人を動員するなど、国内外で活躍のフィールドを広げています。05・Yamasankaは、電通テックが立ち上げた登山者向けのブランド。「山っていいね、を分かち合う。」を合言葉に、デザイン性の高い商品企画から企業コラボ、イベントなど魅力的なユーザー体験を展開しています。

株式会社
東京アドデザイナース

OAC会員

CONTACT ADDRESS

📍 〒102-0075　東京都千代田区三番町1
　　KY三番町ビル

📞 03-3262-3894　📠 03-3262-3882

🌐 http://www.tokyoad.co.jp

✉ saiyo@tokyoad.co.jp

COMPANY PROFILE

● 設立　1961年8月29日　● 資本金　1,250万円

● 売上高　23億円（2019年2月決算）

● 代表者　代表取締役社長　篠原茂樹

● 社員数　182人　● クリエイター数　142人

● 平均年齢　37.4才

● 会社PR　1961年、日本の広告業の黎明期に、東京アドデザイナースは誕生しました。
それからおよそ60年にわたり、常に広告制作の最前線で成長を重ねてきた私たちは、グラフィックから、Web、ムービー、PRイベントまで、多様なコミュニケーション領域をカバーする総合クリエイティブカンパニーへと進化を遂げました。
そして今、新たに策定した「ANSWER in DESIGIN」というスローガンのもと、180名を超えるスタッフが、それぞれの経験、スキル、アイデアを最大化することで、お客様が抱えるさまざまな課題に、最善策＝ANSWERをご提案していきます。
私たちはデザインで答えるクリエイティブカンパニーです。

01・絶メシリスト／高崎市／交通広告

02・SUUMO／リクルート住まいカンパニー／交通広告

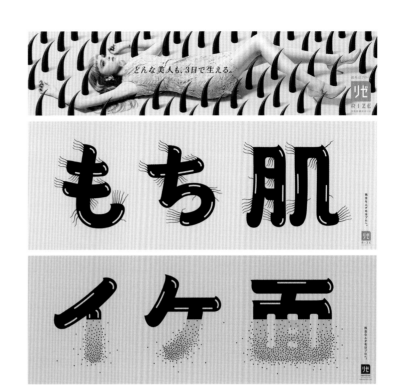

03・OFF PEAK PROJECT 2019／東京メトロ／交通広告

04・『ブレーン』クリエイティブリレー　リゼ／ライズネット／交通広告

05・日本ダービー／JRA／新宿駅ジャック

06・バービー60周年記念イベント／東京スカイツリー®／交通広告
©2019Mattel. All Rights Reserved.　©TOKYO-SKYTREE

07・スノービューティー2019　ブランドサイト／
資生堂／WEB

01・これまで光が当たりにくかったローカル店を再び活性化し、高崎市全体も盛り上げていく企画。交通広告等を担当し、数多くのメディアに取り上げられました。02・『スマホで、いつでも、どこでも住まい探し』ができることを訴求する広告です。品川駅の巨大なスーモのバルーンに注目してもらう狙いで制作しています。03・オフピーク通勤を促進するキャンペーンのビジュアルを制作しました。さまざまな交通広告に展開。ダンディ坂野さんを起用し、親近感のある参加しやすい雰囲気にしました。04・雑誌『ブレーン』が企画する「クリエイティブリレー」に参加しました。テーマは、医療脱毛クリニックであるリゼの高い脱毛効果の訴求。脱毛の広告がひしめきあう電車内でも目を引く、シンプルで強い一枚絵を目指しました。05・京王線新宿駅をジャックして日本ダービー一色に。競馬らしさ、ダービーらしさを大切にしつつ、競馬ビギナーに強くアピールできる表現を目指しています。06・バービーと東京スカイツリー®がコラボしたイベントの企画の軸となるキービジュアルやタイトルから制作。世界中にファンを持つバービーの世界観をそのままに、来場促進を図りました。07・期間限定フェースパウダーのブランドサイト。5年にわたり担当させていただいています。商品の世界観を最大限に伝えられるよう細部までこだわりました。

グラフィック ☑

映　像 ☑

W E B ☑

ア プ リ ☐

イ ベ ン ト ☐

パ ッ ケ ー ジ ☐

そ の 他 ☑

株式会社
東京グラフィック
デザイナーズ

OAC会員

CONTACT ADDRESS

〒107-0062　東京都港区南青山1-15-9
第45興和ビル1F

03-5785-0670　　FAX 03-5785-0666

http://www.to-gra.co.jp

COMPANY PROFILE

● 設立　1961年10月5日　● 資本金　2,800万円
● 売上高　13億5,600万円（2019年3月決算）
● 代表者　代表取締役社長　梶原鉄也
● 社員数　54人　● クリエイター数　49人
● 平均年齢　45才

● 会社PR
総合力を活かす
グラフィックデザインのプロダクションとしてスタートした
当社は、設立して間もなくディスプレイやイベントと
いった領域にも参画。1982年に映像部門、2005年に
Web部門を立ち上げて、時代と共に総合力を高めて
きました。

仕事で応える
ホンダの製品広告とSPツールの制作を事業の根幹とし、
創業の原点であるオートバイを始めとしてクルマや
パワープロダクツなど各製品を一貫して担い続けて
います。仕事の成果が営業的な役割を果たして、また次の
あたらしい仕事を生み出していく。そんなクリエイティブ
の在り方を私たちは目指しています。

あたらしい「価値」をつくる
企業と世の中とのコミュニケーションは単に情報を伝
えることではなく、人から人へ想いやメッセージを届け
ることだと私たちは考えます。
「本質を捉え、表し、伝える」
この理念の下に、私たちはあたらしい価値を創り出して
まいります。

01・N-WGN／本田技研工業／カタログ

02・CBR1000RR／本田技研工業／カタログ

03・VFR800F／本田技研工業／カタログ

04・N-BOX／本田技研工業／カタログ

05・S660／本田技研工業／カタログ

06・耕うん機／本田技研工業／カタログ

07・CB誕生50年特別展示／本田技研工業／ディスプレイ

08・S660モデューロX／
本田技研工業／映像

09・T360特設サイト／
本田技研工業／WEB

10・GEN2 GIGA TOWN／
本田技研工業／WEB

11・JTBハーモニフト／
JTB／WEB

01・クルマよりも、生活を主役に。情報を詰め込まず、人が「うれしい」と思う瞬間を描くことでクルマの本質的な価値を提案しました。02・スーパースポーツモデルであるCBR1000RRのカタログ。このモデルで味わえる走りの楽しさや臨場感が伝わるように仕立てました。03・スポーツできるツーリングバイクという個性を壮大なロケカットで表現。プロダクトがもたらす価値を軸に構成したカタログです。04・女性の支持を広げるため、トレンド色カッパーを取り入れたN-BOXの特別仕様車。エレガントな世界観をつくりあげました。05・2シーター・オープンスポーツS660の特別仕様車のカタログ。大人の趣味にふさわしい、上質で洗練された世界を表現しました。06・耕うん機の総合カタログ。初心者にも分かりやすく親しみやすい表現にこだわったカタログです。07・歴代のCB車両やその物語を通して、CBの歴史を紹介。より詳しい情報を掲載したリーフレットやノベルティのステッカーも制作しました。08・軽自動車で走りを極めた性能をレーシングドライバーが長距離ドライブで体感し、旅情を誘いながら特長を解き明かすムービーです。09・Honda初の四輪車、軽トラック「T360」の生誕55周年を記念したサイト。「人に役立ちたい」という今に続く志や当時の革新技術、CMを伝えました。10・原付二種のメリットをより多くのひとへ。鳥獣戯画をモチーフにして楽しみながら理解できるWEBコンテンツに仕上げました。11・おふたりで1泊できる宿泊券付カタログギフトの案内サイト。「至福のくつろぎ」が伝わるプレミアム感のある仕立てて魅力を紹介しています。

グラフィック ✓
映像 ✓
WEB ✓
アプリ ☐
イベント ☐
パッケージ ✓
その他 ✓

株式会社
東京ニュース

OAC会員

CONTACT ADDRESS

📍 〒101-0042　東京都千代田区神田東松下町
　　10-5　翔和神田ビルⅡ

📞 03-6260-8088　📠 03-6260-8085

🌐 http://www.tnews.co.jp

✉ info@tnews.co.jp（担当：生駒）

COMPANY PROFILE

● 設立　1950年9月20日　● 資本金　7,000万円
● 代表者　代表取締役社長　田村壽孝
● 社員数　50人

● 会社PR　当社は新聞広告製版会社として設立され
てから70年目に入ります。そしてデジタルの黎明期か
ら今に至るまでさまざまなご要望に対応すべく最先端
の設備と新たな技術・ノウハウの習得に努めてきまし
た。現在ではデータデザイン技術を駆使するデータマ
ネジメント業務からDDCPによるアウトプット業務ま
で、さらに、広告・販促の企画からデザイン制作、デジタ
ルパブリッシングまで業務領域とし、お客様へワンス
トップサービスを提供しています。
また昨年、永きにわたって慣れ親しんだ千代田区内神
田から神田東松下町へと移転しました。新しいオフィス
と環境で、さらに今までの業務を掘り下げ、そして新し
い可能性を探求し、クリエイティブを通して、御社と生
活者とのコミュニケーションが育まれるよう協力してい
きます。

01・LZ-2290C Series／JUKI／ポスター

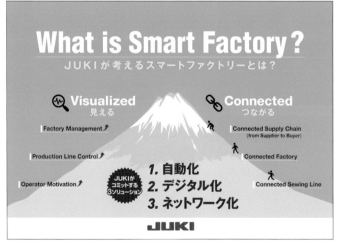

02・What is Smart Factory?／JUKI／ポスター

03・JUKI総合カタログ／JUKI／カタログ

04・2019年度　図書館基本辞典セット
目録／東京堂出版／パンフレット

05・平成の新語・流行語辞典／東京堂
出版／リーフレット

08・クレイ・シス Program notes／フジゲームス／パンフレット

06・日本人形玩具大辞典／東京堂出版
／リーフレット

07・ファンタジーの世界地図　ムーミン
谷からナルニア国、ハリー・ポッターまで
／東京堂出版／リーフレット

01・工業用ミシンの新製品の紹介。新製品なので先進性なイメージを意識したビジュアル作りをしました。02・スマートファクトリーへの取り組み
を日本一高い富士山の登山に例えて、表現しました。03・表紙で先進性なイメージと充実した製品のラインアップを表現し、プロローグのページで
は、上位機種のビジュアルを用いて、技術力と高品質。そして信頼性を表現しています。04・05・06・07・書店への販売促進のためのツールです。
各々のタイトルと内容が、一目でわかるように作成しています。08・クレイ・シスのライブイベントに来場された方が楽しんでもらえるよう、中ページ
の書体、大きさ、そしてビジュアルの使い方にこだわって作成したプログラムパンフレットです。

株式会社
トラック

OAC会員

CONTACT ADDRESS

📍 〒101-0051　東京都千代田区神田神保町
2-3-1岩波書店アネックス 4F

📞 03-6272-6635　📠 03-5211-1505

🌐 https://www.track.co.jp

✉ info@track.co.jp

COMPANY PROFILE

- **設立**　1995年8月14日　●**資本金**　1,400万円
- **売上高**　31,500万円(2018年9月決算)
- **代表者**　代表取締役　小泉 邦明
- **社員数**　26人　●**クリエイター数**　25人
- **平均年齢**　33.9才

● **会社PR**　あなたの要望をアレンジして気持ちのいいクリエイティブを提供します。
創業以来、さまざまな企業や商品・サービスなどに携わってきました。ジャンルにとらわれることなく、幅広い広告やプロモーションを展開しています。通販カタログ(アパレル・女性インナー・ジュエリー)、女性インナーカタログ、化粧品カタログ、アパレルカタログ、保険会社DM・パンフレットなどの経験は特に豊富です。

もっと、心に届くデザインを。
ずっと、心に残るデザインを。
私たちのデザインを目にした人が、うれしいとか、楽しいとか、ホッとするとか、温もりを感じてくれる、少しだけ幸せな気持ちになれる。
そんなデザインを、つくり続けていくこと。そんなデザインができる人を、いっぱいにしていくこと。
それが、私たちの理想とするクリエイティブ。
心に届くデザインと心に残るデザインを創作する人を、TRACKならではのクオリティで、もっと、ずっと、生み出して行きます。

01・アパレル／日本生活協同組合連合会／カタログ

02・コスメ／株式会社FTC／FTC　PRESS／会報誌

03・コスメ／株式会社メディプラス／美楽／会報誌

04・アパレル／トリンプ・インターナショナル・ジャパン／店頭装飾ツール

05・スポーツ／公益財団法人日本水泳連盟／ポスター

06・教育／大東文化大学／ポスター

07・商業施設／エキア曳舟／ポスター

08・CSR／JXTGホールディングス／募集ポスター・雑誌広告

09・ファッション／セイコーエプソン株式会社／ORIENT CONTEMPORARY
COLLECTION SEMI SKELETON／広告

10・CITIZEN L／シチズン時計株式会社／Webサイト

11・AP STUDIO THE GENTLEWOMAN／BAYCREW'S GROUP／
Webサイト

12・BRUDER／株式会社ゴルフダイジェスト・オンラ
イン（GDO）／Webサイト

13・COSPLAY AGENCY／株式会社ドワンゴ／Web
サイト

14・PRIMART／自社EC／オリジナル商品販売、店
舗運営

01・商品がより魅力的に見えるよう、ロケーションやポージング等にもこだわったカタログ。　02・ブランドのこだわりを細部に詰め込んだ編集とデザインで展開するDM会報誌。　03・お客様への伝わり
やすさを意識した編集デザインの商品同梱会報誌。　04・シーズンやターゲットを意識したビジュアル作り。甘すぎない、大人可愛い世界観を目指す。　05・競技中の躍動感溢れるシーンを最大限に表現。
06・異文化との交流をユーモラスに表現した生徒募集用ポスター。　07・施設外観の特徴や曳舟の街の特徴を盛り込み、地域に寄り添ったビジュアルに。　08・過去の掲載号をモチーフとすることで参加
へのアクション誘引を狙う。　09・日常のさまざまなワンシーンとセミスケルトンの美しい形状を合わせたデザインに。　10・女性向け腕時計「CITIZEN L」のブランドサイト。エシカルプロダクトとしてのア
イデンティティをブランドストーリーとしてプレゼンテーション。　11・"GENTLEWOMAN"をキーワードに、上質で大人のファッションを表現するシンプルで心地いいデザインを展開。　12・上質で大人の
ゴルフライフを表現するシンプルで力強く、ファッション性の高いUI/UXを構築。　13・ドワンゴが運営するコスプレイヤー専門キャスティングサービスの公式サイト。コスプレをクールなカルチャーとして
発信するUI/UXを構築。　14・自社開発したグッズや、独自の視点でセレクトしたモノにこだわったECサイトを運営。実店舗も2017年末にオープン。

☑ グラフィック

☑ 映像

☑ WEB

☐ アプリ

☑ イベント

☑ パッケージ

☑ その他

株式会社ノエ

`OAC会員`

CONTACT ADDRESS

📍 〒150-0031 東京都渋谷区桜丘町4-17-202

📞 03-5457-1370　📠 03-5539-3665

🌐 http://noe-inc.com

✉ info@noe-inc.com（担当：野坂・市村）

COMPANY PROFILE

● 設立　2017年11月22日　● 資本金　5,000,000円
● 代表者　代表取締役社長　野坂 拓郎
● 社員数　5人　● クリエイター数　5人

● 会社PR　ファッションをはじめ衣・食・住といったライフスタイル分野を中心に、企画編集・デザイン・販促プランの策定・撮影ディレクションなどのクリエイティブを提供しています。

強みはファッションを基軸にした、時代性を的確にとらえたクリエイティブワーク。
グローバルなトレンドからマスマーケットの市場動向まで、緻密なリサーチ・分析に基づくプランニングで、企業やブランドが抱える課題や想いに応えていきます。

少数精鋭の新しい会社らしく、新鮮で驚きのある提案、パートナー会社との柔軟な連携、スピード感のある進行をいつも心がけています。

設立から3年目。さまざまな案件に好奇心旺盛に取り組んでいければと思います。
どうぞ皆様、楽しくよろしくお願いいたします。

01・BRAND CONCIER／SOU／Image Visual

02・LAZONA LIFE／ラゾーナ川崎プラザ／Tabloid・Movie・Web

KOKUYO (ME)
Life Accessories

あなたを今より、私らしく。

03・KOKUYO ME／コクヨ／Image Visual・Movie

04・蔦屋家電PAPER／CCCデザイン／Magazine

05・THE SUIT COMPANY／
青山商事／OOH

06・KIKONAS／三井不動産商業マネジメント／Web Magazine

07・+maffs／モリタ宮田工業／Graphic・Movie・Web

01・ハイエンドな時計や宝飾撮影のコンセプトワーク、アートディレクション。緻密なビジュアル設計を強みとしています。**02**・季刊のタブロイド誌。毎号の編集からWeb、映像までクロスメディア展開一式を手がけています。**03**・「Life Accessories」がコンセプトの新ブランド。ビジュアル制作、映像、ローンチキャンペーンを担当。製品も素晴らしいため、ぜひ店頭でご覧ください。**04**・二子玉川 蔦屋家電のフリーマガジン。編集＆デザイン。**05**・カタログやWeb、OOHなど制作全般を担当。アパレル案件はスタッフ全員が得意としています。**06**・Web Magazine、オウンドメディアの企画・制作・運用。**07**・2019年度グッドデザイン特別賞 グッドフォーカス賞を受賞した話題の消火器。ローンチにあたりビジュアル制作全般、映像、Web・EC構築を担当。その他事例・詳細等、ポートフォリオの取り寄せはお気軽にご連絡ください。

■ グラフィック
✓

■ 映像
✓

■ WEB
✓

■ アプリ
□

■ イベント
□

■ パッケージ
✓

■ その他
□

有限会社
バウ広告事務所

OAC会員

CONTACT ADDRESS

📍 〒106-0032　東京都港区六本木3-16-35
　　イースト六本木ビル4F

📞 03-3568-6711　📠 03-3568-6712

🌐 https://bau-ad.co.jp

✉ info@bau-ad.co.jp（担当：茂木）

COMPANY PROFILE

● **設立**　1974年9月5日　● **資本金**　750万円
● **売上高**　4億8,852万円（2019年4月決算）
● **代表者**　代表取締役社長　市川 多喜次
● **社員数**　41人　● **クリエイター数**　30人

● **会社PR**

私たちは「コミュニケーション パートナー」です。

バウ広告事務所は、制作プロダクションではありません。クライアントと共に悩み、議論し、前進する「コミュニケーション パートナー」です。手がけているのは、商品やサービス、企業や学校など、ジャンルも課題もさまざま。従来のやり方にとらわれず、ニュートラルな視点からアイデアを発想し、最適な解を探っていく。必要ならば、与えられたミッション以上の提案も。すべてはお話を聞くところから。まずはお気軽にご相談ください。

ニュートラルな発想で、
コミュニケーションの課題解決に貢献する。

BAUが手がけているのは、単なるデザインワークではありません。たくさんの人に知ってほしい。魅力を伝え、好きになってもらいたい。そんな商品やサービス、企業や学校が抱えるさまざまな課題に対し、文字通りゼロベースで考え、あらゆる手段を企て、形にしていきます。市場や競合、トレンドのリサーチに始まり、コンセプト開発、ネーミング、CI・VI、ロゴデザインなどブランディング戦略の企画立案そのものから、キービジュアル開発、パッケージデザイン、プロモーションツール制作、Webデザインなど、広告コミュニケーションに関わる制作物、撮影やそれに付随するキャスティング、コーディネートなどの業務、編集・インタビューを含むエディトリアル業務、解析やコーディングを含むWeb関連業務、ときにはプロダクトやサービスの企画開発、空間設計・店舗デザインまで、課題解決のために必要と考えられる手段すべてが私たちの手がける領域です。

01・BAKE CHEESE TART 焼きたてチョコレートチーズタルト／BAKE／
店頭ポスター・ショッピングバッグ・リーフレット

02・いち髪／クラシエホームプロダクツ／パッケージデザイン

03・2017 AUTUMN／Afternoon Tea TEAROOM／パッケージデザイン

04・JUST PINK IT!!／PLAZA／ポスター

05・SILKREAM／NISSEI／店舗・ポスター

06・IMAGICA GROUP商号変更挨拶広告／
IMAGICA GROUP／雑誌広告

07・Hello Me, Platinum／
プラチナ・ギルド・インターナショナル／Webサイト

08・1秒タオル／Hotman／リーフレット・店頭POP

09・ジャイアントパンダ保護サポート基金／東京動物園協会／リーフレット

01・チーズタルト専門店BAKEがバレンタイン限定フレーバーを発売するにあたり、グラフィックを担当。商品へのこだわりをテクスチャで、大人のバレンタイン感をピンクと焦げ茶の2色で表現しました。 02・クラシエホームプロダクツ「いち髪」のパッケージリニューアル。和草素材のやさしさと、独自のヘアテクノロジーを加えた機能感を伝えつつ、現代女性のニーズに応えるかわいさ、親しみ、キレイさを兼ね備えたデザインを目指しました。 03・2017年秋のパッケージデザインを制作。ペイントテクスチャで大人っぽく仕上げた紅茶PKGと、有機的な手書き文字をメインにしたスイーツPKGで差をつけ、店頭に彩りをもたらすことを意図しました。 04・あらゆる商品がピンク色に染まるということを、コンフェッティで画面が徐々にPINKで埋まっていく様子で表現しました。 05・店舗デザイナー様とコラボし、ソフトクリーム専門店「SILKREAM」のロゴ、サイネージ、ポスターなどのデザインを担当しました。 06・「映像にできないことはない」のコピーに合わせ、映像の意味からRGBをモチーフに、いろんなグループ会社が集まったホールディングスを一つの国に見立て、団結の象徴である三色旗をかかげ、新たなスタートをきるという思いを込めました。 07・大人の女性にふさわしいプラチナ・ジュエリーをご提案するWebサイト。「新しい自分、新しい時間の始まり」を告げる期待感や高揚感のあるメッセージを伝える表現を意図しました。 08・秩父山系の伏流水をたっぷり使って不純物を取り除き、天然素材の綿が持つ吸水性を最大限に引き出した、高い品質の1秒タオル。水滴をリーフレット全体にレイアウトし、タオルが水滴を拭き取るアイデアのデザインで1秒タオルの役割を表現しました。 09・ジャイアントパンダの保護サポート基金について、より多くの方に正しく知っていただけるように、シンプルで落ち着いたトーンでデザインしました。

株式会社
博報堂プロダクツ

OAC会員

CONTACT ADDRESS

〒135-8619　東京都江東区豊洲5-6-15
NBF豊洲ガーデンフロント

03-5144-7200　FAX 03-5144-7217

https://www.h-products.co.jp

COMPANY PROFILE

- 設立　2005年10月1日　● 資本金　1億円
- 売上高　1,011億円（2019年3月決算）
- 代表者　代表取締役社長　岸　直彦
- 社員数　1,781人　● クリエイター数　500人
- 平均年齢　37才

● 会社PR　博報堂プロダクツは、広告とプロモーション領域を網羅する事業領域で、それぞれのプロが、その専門性を駆使し、広告とプロモーションのあらゆる得意先課題を「こしらえる力」、「実施する力」で解決していく博報堂グループの総合制作事業会社です。

業務内容
トータル・プロモーション・プロデュースの実施／グラフィック広告の企画制作／テレビCMの企画制作／広告写真撮影・デジタル画像の企画制作／プレミアムグッズの企画・製作・販売及び輸出入／SPキャンペーンの企画制作・実施・運営／デジタル（Web）メディアの企画制作・実施・運営／イベント企画制作・実施・運営／PR企画制作・実施・運営／各種メディア取扱／プロモーション映像企画制作／広告原稿データ製作送稿／印刷／広告システムの開発および運用サポート　等

採用計画
■ 新卒定期採用あり
■ 2020年度新卒採用　約100名予定
※採用情報については、当社採用ページをご覧ください。
https://www.h-products.co.jp/recruit2020

待遇と勤務
初任給：25万円（2017年4月実績）
昇級：年1回の給与見直し
賞与：年1回
勤務時間：9：30〜17：30（所定時間外勤務あり）
休日・休暇：週休2日制（土・日）、祝日、年末年始（12月29日〜1月3日）、年次有給休暇20日、フリーバカンス（年2回、連続5日間の休暇制度）、リフレッシュ休暇（勤続5年毎、連続5日間の休暇制度）他
福利厚生：保険／健康保険・厚生年金保険・雇用保険・労災保険制度／企業年金、退職金、育児・介護休業他施設／軽井沢クラブ、保養所、診療所、スポーツ施設法人会員、その他各地に契約施設

01・Flora Notis JILL STUART／株式会社コーセー／サイネージ

02・PROMASTER／ホーユー株式会社／雑誌広告

03・ポテトチップスうすしお／カルビー株式会社／新聞　　04・LIVE DAM Ai／株式会社第一興商／ポスター　　05・wing／株式会社ワコール／ポスター

06・MODENICA ART／中野製薬株式会社／交通広告

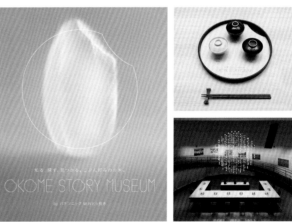

07・OKOME STORY MUSEUM／パナソニック株式会社／イベントビジュアル

08・filbaby／ピジョン株式会社／Web

09・iMPREA／コーセー ミルボン コスメティクス株式会社／ポスター

01・化粧品ブランドから派生したボディケアブランドのビジュアル。ターゲットに合わせて従来からイメージチェンジを図り制作。02・hoyu「PROMASTER-EX」の20周年リニューアルプロモーション。CI・VIから雑誌、店頭、イベント、映像まで全てのクリエイティブを制作。03・ポテトチップス「うすしお」のリニューアル記念15段新聞広告、店頭全体のディレクション、制作。04・CIをはじめ、店頭ツールからカタログまでブランドコミュニケーション全体のディレクションと制作。05・シーズンビジュアルの制作。目新しさはもちろん、商品の着け心地のよさをベネフィット表現。06・中野製薬株式会社「MODENICA ART」のアートディレクション。交通、雑誌、ブックへ展開。07・炊飯器の販促イベントとして、お米のミュージアムを企画から、ビジュアル・コンテンツデザイン・空間デザインをトータルでディレクション、制作。08・新ブランド立ち上げにおける、ビジュアル・ブランドサイトのデザインおよびブランディング。09・新ブランド立ち上げにおける、キービジュアル・カタログ類のデザインおよびブランディング。

株式会社 広瀬企画

`OAC会員`

CONTACT ADDRESS

📍【本社】〒460-0007　愛知県名古屋市中区新栄
2-1-9 雲竜フレックスビル西館15F

【東京】〒104-0061　東京都中央区銀座6-13-16
銀座ウォールビル7F

📞 052-265-7860　📠 052-265-7861
🌐 http://www.hirose-kikaku.co.jp
✉ info@hirose-kikaku.co.jp

COMPANY PROFILE

● 設立　2009年4月16日　● 資本金　300万円
● 代表者　代表取締役社長　広瀬 達也
● 社員数　18人（女性12、男性6）
● 平均年齢　31才
● 会社PR　企業や地域のブランディング、販売促進プロモーション、集客や人材募集、さらには顧客との関係強化など、これまで多様な背景・目的を持った案件の企画・制作をしてきました。広瀬企画では、課題解決と目的達成のための企画・制作を前提とし、的確なゴール設定をお客様と一緒に話し合い、企業や地域に対して、その先にいるエンドユーザーのことを考えたコミュニケーションをトータルで企画。そのうえでアイデアと理論に基づいたクリエイティブを通した広告物の制作や、その広告物の効果を最大限に引き上げる使い方、ＳＮＳなどを活用したＰＲの方法をご提案いたします。ことば・デザイン・企画力で、企業や地域をヒーローに。広瀬企画は、お客様とともに喜べる会社でありたいと考えています。

①Planning（企画）…コンセプトメイク、プロモーション、ツール企画編集、ロゴ・ネーミング　etc
②WEB（ウェブ）…WEBサイト、SNS、SEOコンテンツ、オウンドメディア、WEBマガジン　etc
③Print（プリント）…情報誌、広報誌、社内報、ポスター、カタログ、パンフレット、DM、チラシ　etc

企業や地域をヒーローにする企画制作集団

①仕事における得意分野
②東海のおすすめスポット

■代表・広瀬「社会課題を解決したい社長」
①会社・商品・人の物語を掘る＆つくる
②ロープウェーで登れる山城「岐阜城」
　広がる街並みで信長気分を味わえます。

■広瀬良子「山と島好きエディター」
①すっと心に入る、余韻をもたせた文章
②佐久島。船でたった25分なのに、異国のようにのんびりとした時間が流れる場所。

■野村「右脳左脳中間派ディレクター」
①大学、専門学校。愛を持って仕事すること
②高山への下道・せせらぎ街道。新緑、紅葉はもちろん、おいしいみちくさ場所もいっぱい。

■矢野「情に厚い理論派コピーライター」
①「魅力」を「伝わるコピー」にすること
②実はコスパ良し！フードメニューのレベルが高いレゴランドジャパン＆シーライフ。

■市川「子連れトラベルライター」
①旅・海・子ども・文学
②熊野古道伊勢路。神話の世界に迷いこむ深い森と祈りのパワーロード。

■竹内「言葉と子どもを愛する在宅ライター」
①読者の「好き」を増やすライティング
②各務原市の学びの森。広くて緑に溢れていて、穏やかな空気に癒されるから。

■西村「昭和インスパイア系ライター」
①抽象的案件のプランニング・ライティング
②やさしい味わいが〆にぴったりな名古屋栄の中華そば三戒。

■齊藤「情緒的価値を追求するライター」
①伝えたい人と読み手をつなげるストーリー
②意外とたくさんある、岡本太郎氏の作品巡り。「若い太陽の塔」「歓喜の鐘」など。

■近藤「地元・三重県松阪市を愛するプランナー」
①せっかち気味のスケジュール管理
②うきさと村。松阪市の秘境で食べる若鶏焼肉、薬草の天ぷらが最高にうまい！

■山田「よく寝て、よく食べるライター」
①タスク管理とひらめきが求められる仕事
②中村区の銭湯「テレビ温泉」。ノスタルジックな店構えと高温サウナが最高です。

■谷口「悩み無き田舎っぺプランナー」
①ほどよい人付き合い・年代問わない世間話
②岐阜の飲み屋街「玉宮」。グルメ横丁が最近できて、週末の夜は賑わい溢れています。

■岩井「古民家暮らしを夢見る新米ライター」
①旅行・観光などのおでかけスポット紹介
②愛知県の離島、佐久島・日間賀島・篠島はのんびり過ごせて海の幸もおいしいです。

■西「花椒と生きるコピーライター」
①ものづくり・工場系
②猫舌に嬉しい汁無しがある、担々麺専門店・想吃担担面。

■壁谷「笑い上戸の三河弁ライター」
①おでかけ情報系の記事
②三重県いなべ市。レトロな黄色い列車に揺られながら見る田園風景に癒される。

■黒柳「一人旅が好きなプランナー」
①制作物の特徴を踏まえたプラン出し
②岐阜県粥川沿いの遊歩道は、日常を忘れられるリフレッシュスポットです。

■永田「朝型デザイナー」
①ワンビジュアル
②知多半島。海あり、自然あり、文化あり。個人的にはサイクリングがおすすめ！

■堀「グミと珈琲が友達のデザイナー」
①数字でつくるデザイン
②岩村城址と城下町。登るもよし、昔ながらの街並を見るもよし。カステラもおいしい。

■安井「常に草木に囲まれていたいデザイナー」
①ふんわりナチュラル系のデザイン
②緑区の有松。情緒ある街並みをお散歩したり、有松絞りのワークショップも楽しめます。

01・東海エリアの魅力発掘WEBマガジン『HIROBA!』／自社運営WEBコンテンツ

02・旨味屋号／株式会社旨味屋クラブ／事業立ち上げの課題整理・タスク管理、WEBコンテンツ、チラシ

03・株式会社バッファロー／WEBコンテンツ

04・みわ屋の牛まぶし／株式会社みわ屋／PB商品

05・明智光秀ゆかりの地PR冊子／岐阜県／リーフレット

06・『名古屋本』『岐阜本』『浜松本』／枻出版社／雑誌

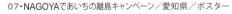

07・NAGOYAであいちの離島キャンペーン／愛知県／ポスター

08・岐阜クラフトフェア／森ビル都市企画株式会社／PRツール一式

01・広瀬企画スタッフ全員で運営している「HIROBA!」。宝探しにも似たワクワクした気持ちを大切に、東海の魅力あふれるモノ、人、コトを紹介。
02・移動スーパーの新規立ち上げ時におけるプロモーションの一例。課題整理からタスク管理、企画、PR、広告制作、稼働までを一貫して手掛けた。
03・Webサイトのリニューアルにあたり、サイト内ウェブマガジンの新規記事を制作。撮影手配からライティング、モデルのキャスティングなど一手に担った。
04・岐阜県瑞浪市にある老舗日本料理店のプライベートブランドのパッケージデザインを制作。　05・2020年大河ドラマ「麒麟がくる」に先立った
岐阜県と明智光秀にまつわるリーフレット。ページ構成から取材、デザインまで一冊まるごと受託。　06・東海エリアを中心に活動している特性を
活かし、特集ページの企画構成をはじめ、取材交渉・取材撮影・制作・校正確認などを受託。　07・離島プロモーション（地域活性化事業）の一例。
伏見地下街で約１ヶ月の間、愛知県の離島「佐久島」「日間賀島」「篠島」の観光PRポスターを展示。　08・180以上の作家が集まる「岐阜クラフトフェ
ア」。垂れ幕やポスター、リーフレットなど20を超えるツールを制作。

グラフィック ☑
映像 ☑
WEB ☑
アプリ ☑
イベント ☐
パッケージ ☑
その他 ☑

フェロールーム
株式会社

OAC会員

CONTACT ADDRESS

📍 〒160-0004　東京都新宿区四谷3丁目12番地
　フロンティア四谷4F

📞 03-3355-7110　📠 03-3355-7112

🌐 http://www.fellowroom.co.jp

✉ info@fellowroom.co.jp（担当：茅野）

COMPANY PROFILE

- ●設立　1960年7月　●資本金　2,200万円
- ●売上高　20億円（2018 年 8 月期）
- ●代表者　代表取締役社長　太田 哲史
- ●社員数　70 人　●クリエイター数　42人（営業除く）
- ●平均年齢　35才

●会社PR　フェロールーム株式会社は1960年に創業し、独自の歴史を歩んできた広告制作会社です。60年に及ぶクライアント様とのダイレクトな関係の中で活動範囲を広げ、広告制作にとどまらない「ブランドのストーリーテリング」を担ってきました。時代の要請に応える「広さ」と、時代に流されない「深さ」を同時に追求しています。

ビジュアルコミュニケーション／半世紀を超える歴史を持つカタログ制作を通じ、商品の世界観を魅力的に描き「商品をして語らしむる」ことを目指したハイクオリティなビジュアルコミュニケーションを磨き続けています。

ブランドジャーナリズム／フェロールームの原点は、60年前から今も続くPR誌。その精神は衰えるどころか、SNSが普及し「広告が効かない」とされる現代ではより重要になってきています。「編集者」ではなく自ら文章も執筆する「編集ライター」が、確かな取材力・編集力でお客様との新たなコミュニケーションを生み出します。

実写から3D-CGまで多彩な動画制作／長年のカタログ制作で磨かれた「商品のストーリー」を語る能力は、動画において輝きをさらに増しています。ハイクオリティのプロモーションムービーから、手軽な動画に至るまで、幅広いご要望に対応できます。特に、3D-CGを用いたハイクオリティな動画は高い評価をいただいています。

WEB・デジタルソリューション／専任のWEB制作スタッフが、どの商品を誰に、どう魅力的に伝えるのかという戦略的な面からサポートし、3D-CGを用いたコンフィグレーターシステムは、独自のノウハウによってハイクオリティかつ高速処理のビジュアライズを可能にしています。

01・レヴォーグ／SUBARU／カタログ

02・フォレスター／SUBARU／カタログ

03・キーレスボタン錠 KEYLEX 3100
長沢製作所／カタログ

04・電動グリッパEHシリーズ／
オリエンタルモーター／カタログ

05・WRX STI／SUBARU／ムービー

06・機能解説ムービー／SUBARU／ムービー

07・月刊カートピア／SUBARU／PR誌

08・WEBカートピア／SUBARU／WEB

09・採用ツール Story／
SUBARU／パンフレット

10・コーディネータ／
SUBARU／アプリ・WEB

11・クルマ選び4つのポイント／
SUBARU／WEB

12・斯巴鲁中国官网（公式サイト）／
SUBARU OF CHINA／WEB

01〜04・商品の持つ本当の魅力は何か、長い時間をかけ探求し、開発者とのキャッチボールを繰り返しながらストーリーを磨き込んでいくのがカタログです。フェロールームはこの仕事に、大きなやり甲斐とプライドを感じています。05・圧倒的なパフォーマンスを、迫力あるシーンで表現したプロモーションムービー。06・実写とCGを高度に融合させることで、商品の機能をわかりやすく伝えることを目指しています。07・60年近くにわたって、車のある豊かなカーライフを提案し続ける、フェロールームの原点とも言えるPR誌。10・3D-CGを活用し、欲しいカラーやグレードを簡単に、そして瞬時にシミュレートできます。11・クルマ選びにおいて「安全」という観点を大切にして欲しい、という願いを込め、イラストで構成されたWEBサイト。12・弊社中国法人との協力により、公式WEBサイトの制作・運営を担当しています。

グラフィック ☑

映像 ☑

WEB ☑

アプリ ☐

イベント ☐

パッケージ ☑

その他 ☐

株式会社
プロモーションズライト

OAC会員

CONTACT ADDRESS

📍 〒104-0061　東京都中央区銀座7-13-6
サガミビル 6F ※

📞 03-6278-0611　📠 03-6278-0612

🌐 https://www.promotionslight.co.jp

✉ t-hayami@lightpublicity.co.jp（担当：早見）

※2020年1月より新住所に移転します。

COMPANY PROFILE

● 設立　2005年4月　● 資本金　1,000万円
● 売上高　5億9,160万円（2019年3月決算）
● 代表者　代表取締役社長 松永忠浩
● 社員数　20人　● クリエイター数　10人
● 平均年齢　35才

● 会社PR　2005年、ライトパブリシティのDNAを
受け継いで設立しました。パッケージデザイン、PR
誌制作、カタログ・パンフレット制作、セールスプロ
モーションの企画立案・ツール開発を軸にして、「プロ
モーションデザイン」という視点のもと、すべてにお
いて一貫して良質なクリエイティブを行うことに主眼
を置いた広告制作会社です。

● 受賞歴　〈reddot award 2017 入賞〉
〈iF DESIGN AWARD 2018 入賞〉
〈A' DESIGN AWARD 2018 銀賞〉
〈日本パッケージデザイン大賞 2019 金賞〉
meiji THE Chocolate

01・meiji THE Chocolate／明治／パッケージ

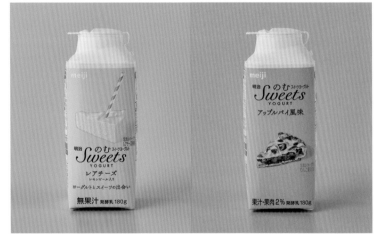

02・明治のむ Sweets YOGURT（左）レアチーズ（右）アップルパイ風味／明治／パッケージ

03・ジャン 焼肉の生だれ／モランボン／パッケージ

04・だしこうじ屋／味富士／パッケージ

05・&ブルドックシリーズ／ブルドックソース／パッケージ

06・CUP COOK／Mizkan／パッケージ

07・TRIBO／リネックス／ロゴ・パンフレット

08・ONE ORDER／三菱地所ホーム／新聞広告

グラフィック ☑
映像 ☑
WEB ☑
アプリ ☐
イベント ☑
パッケージ ☑
その他 ☐

マルキンアド 株式会社

OAC会員

CONTACT ADDRESS

📍 〒370-2341　群馬県富岡市下黒岩289
📞 0274-60-1311　📠 0274-63-5495
🌐 https://www.marukin-ad.co.jp
✉ info@marukin-ad.co.jp（担当：大谷）

COMPANY PROFILE

- **設立** 1996年12月8日 ● **資本金** 1,000万円
- **売上高** 3億4,000万円（2018年9月決算）
- **代表者** 代表取締役社長 関 智宏
- **社員数** 21人 ● **クリエイター数** 19人
- **平均年齢** 38.0才

● **会社PR** マルキンアドのデザインは、グラフィック、WEBなど、ビジュアルとしてのデザインにとどまりません。セールスプロモーションその他の分野における問題解決や環境改善など、実行できることのすべてをデザインの対象として捉え、社会へ貢献してきました。そして、さらに洗練されたサービスを提供するため、全社員が常に心に掲げ、あらゆる判断の基準とする理念を制定しました。それが、「まるをつくる」です。この言葉のもと、お客様やステークホルダーのためにどうすれば「まる」をつくれるか、どうすればつくったものが「まる」となって伝播していけるのか、みんなで、そして一人ひとりで常に考え、研鑽を重ねています。これからも、つくるに感謝し、つくるで感動を呼び、つくるが笑顔を生むマルキンアドに、どうぞご期待ください。

あなたの暮らしを、ちょっとかえる。

01・キャラクター開発によるブランディング／しののめ信用金庫／キャラクター、アイテム、着ぐるみ、その他販促物のデザイン

02・朔太郎をデザインする展『月に吠える』／
群馬県デザイン協会／フライヤー

03・ひかり株式会社コーポレートサイト／ひかり株式会社／コーポレートWEBサイト

04・宝笠WEBサイト／増田製粉所／WEBサイト

05・gvinoWEBサイト／株式会社bamils／
ロゴマーク、店舗サイン、WEBサイト

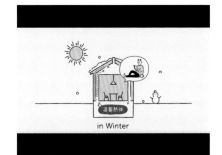

06・エアムーブ住宅コンセプトムービー／エアムーブ住宅／イメージムービー

01・「あなたの暮らしを、ちょっとかえる」というキャッチコピーをつくり、そこからカエルのキャラクターが生まれました。通帳やカード、ATM画面の動画など様々なツールにキャラクターを展開し、ポップで親しみやすいイメージから、しののめ信用金庫様のブランドイメージアップにも貢献しています。02・現代のデザイナーが既存の本の装丁を考える企画展のフライヤー。文学ファン以外にも興味を持ってもらえるよう、陰鬱とした同書のイメージとは真逆の優しい淡い色合いを採用。幅広い年齢層のアプローチに成功しました。03・ひかりのお弁当はそれを食べた人の活力となり、その人の命を輝かせたい！という想いでつくられています。毎日食べるものだからフレッシュでありたい。その部分を伝えようと色とりどりの野菜をメインモチーフに起用しました。04・こだわりの強い菓子職人達が支持する、菓子用粉の最高峰「宝笠小麦粉」のブランドWEBサイト。宝笠小麦粉によって生み出される洋菓子を散りばめながら、ブランドの歴史と伝統を感じさせるデザインに仕上げました。05・ジョージアのアンバーワインの色をキーカラーとし、その歴史と伝統を親しみやすく伝えるWEBサイトです。06・「自然とともに生きる家」を体現した住宅工法を分かりやすく伝えるために制作したコンセプトムービーです。

株式会社
モスデザイン研究所

OAC会員

CONTACT ADDRESS

〒107-0052 東京都港区赤坂5-4-8
荒島ビル2階

03-3585-0329　FAX 03-3505-2147

http://www.mosdesign.co.jp/

COMPANY PROFILE

● 設立　2001年12月7日　● 資本金　4,500万円
● 売上高　13,000 万円（2019 年 5 月決算）
● 代表者　代表取締役社長　安達 健治
● 社員数　14 人　● クリエイター数　14人
● 平均年齢　36才

● 会社PR　1965年のモス・アドバタイジングの創業
から50年以上の歴史をもつ制作会社です。『人の心を
動かすクリエイティブ』をコンセプトに、広告制作全般
に携わっています。デザイナー・ライター・イラスト
レーターが在籍しているため、パッケージデザイン、ポ
スター制作、ライティング、エディトリアルデザインなど
幅広い仕事に対応でき、納期の短い仕事にも柔軟か
つ丁寧に対応しています。カメラマンや印刷所など外
部スタッフとも連携が取れているため、本や冊子の制
作も企画から納品まで一括管理が可能。広告を知り尽
くしたベテラン集団がデザインとコトバで広告を表現
します。
● 業務内容　新聞・雑誌広告の企画制作／ポスター、カ
タログ、カレンダーの企画制作／パッケージ、ラベル等
のデザイン・制作／PR誌、各種出版物の企画制作
● 主要取引先　キッコーマン株式会社／東京新聞・中
日新聞／すかいらーく／株式会社シード／株式会社伊
藤園／湧永製薬株式会社他

01・ブランドサイト／マンズワイン（キッコーマン食品）／WEB

02・MATCHA GREEN TEA／伊藤園／
機内誌広告

03・クランベリーUR100・UR65／
キッコーマンニュートリケア・ジャパン／
パッケージ

04・だしわりしょうゆ・だしわり旨みしょうゆ／
キッコーマンニュートリケア・ジャパン／
パッケージ

05・うちのごはん おそうざいの素／キッコーマン食品／パッケージ

06・ボリショイサーカス開催告知／株式会社産通／
東京新聞企画広告

07・ジョナサン グランドメニュー／すかいらーく／メニュー

08・NBワイン3種・酵母の泡ベーリーA ルージュ・コラージュ2種／マンズワイン（キッコーマン食品）／ラベル

09・松本紀生カレンダー2020／
アルゴグラフィックス／カレンダー

01・「日本ワイン」の造り手としてのマンズワインの魅力を幅広く発信するブランドサイトとして全面リニューアル。02・GREEN TEA本来の美味しさや色を外国人に伝えるための機内誌広告（夏号）。03・クランベリーの濃縮感とフレッシュ感を限られたパッケージ面に表現。04・腎臓疾患等がある方に向けた調味料として、健康感としょうゆらしさを意識したデザイン。05・既存のイメージは残しつつロゴやシズルを大きくし、アイコンをプラスすることでより店頭で目立つことを意識したリニューアルデザイン。06・指先やつま先にまで神経を使う姿、動物たちとの絆、ボリショイサーカスの出演者たちの情熱を表現した。07・「健康感」「野菜感」「素材感」をコンセプトに、30〜50代の女性が好みそうなマルシェ風に仕立てたデザイン。08・創業以来、「日本ワイン」を造り続けるマンズワインが、新たにリリースするNB商品のラベルをデザイン。品質の確かさに加え、華やかさ、日本らしさなどを表現し、より幅広い層にアプローチした。09・写真家松本紀生氏のアラスカで撮影されたダイナミックかつ美しい写真を高精細印刷で鮮明に仕上げた企業カレンダー。

コミュニケーションの力で
時代を動かす、OAC。

日本の代表的な広告制作会社が結集する、公益社団法人日本広告制作協会 (OAC)。

自社だけでは得にくい経営ノウハウや人材確保・育成に役立つ情報の提供と交換の場を設けるとともに

コミュニケーションの力が持つ今日的役割を多彩な社会貢献事業の展開によって

広く社会にアピールし続けています。

支援する
社会を支え、クリエイターの存在感を高める社会貢献事業
地域支援事業「大槌カレンダー」／銭湯活性化支援「銭湯ポスター総選挙」

高める
マネジメントとクリエイティブ力が向上する多彩な機会
各種経営セミナーとクリエイティブ講座の開催

知らせる
会員社の個性と実績を業界内外へアピールする場と媒体
広告制作プロダクション年鑑「CREATOR」の監修／ビジネス交流会の開催

守る
経営や労務、制作業務のリスクヘッジに役立つ制度と情報
OAC 独自の総合賠償責任保険／働き方改革の推進支援

育てる
クリエイターのキャリアアップ、学生の能力向上サポート事業
クリエイター同士の交流会／学生対象のクリエイティブコンテスト

公益社団法人
日本広告制作協会

〒104-0061 東京都中央区銀座 1-14-7 銀座吉澤ビル 9F TEL：03-3561-1220 FAX：03-3561-1221
URL：www.oac.or.jp MAIL：info@oac.or.jp FB：facebook.com/creativeOAC

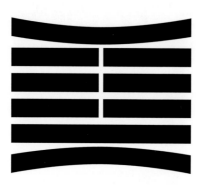

Tama Art University

多摩美術大学

美術学部　絵画学科（日本画専攻・油画専攻・版画専攻）／彫刻学科／工芸学科／グラフィックデザイン学科／生産デザイン学科（プロダクトデザイン専攻・
　　　　テキスタイルデザイン専攻）／環境デザイン学科／情報デザイン学科／芸術学科／統合デザイン学科／演劇舞踊デザイン学科
大学院美術研究科　［博士前期課程］絵画専攻／彫刻専攻／工芸専攻／デザイン専攻／芸術学専攻／演劇舞踊専攻　［博士後期課程］美術専攻
八王子キャンパス　〒192-0394 東京都八王子市鑓水 2-1723 ／ TEL 042-676-8611
上野毛キャンパス　〒158-8558 東京都世田谷区上野毛 3-15-34 ／ TEL 03-3702-1141

www.tamabi.ac.jp

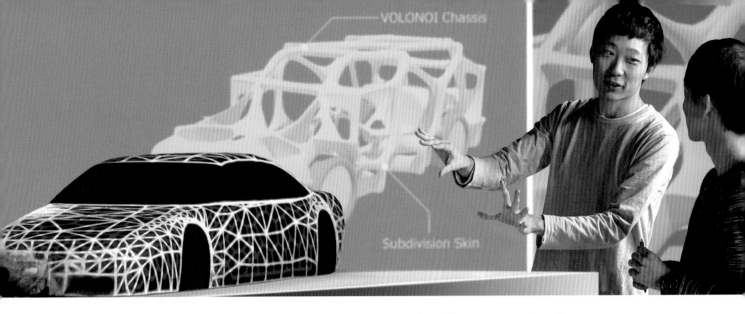

先端技術に対応したデザイン教育で、独創的なデザイン力と問題解決力を培う。

AI（人工知能）、AR（拡張現実）、VR（仮想現実）などの先端技術に対応したデザイン教育を実践。こうした理工系総合大学としての特色に加え、造形・デザイン基礎を育む感性演習と、ディジタルな表現技術などを修得するスキル演習が融合したカリキュラムを展開しています。ひとつの分野に限らず幅広いデザイン分野を学べるカリキュラムで、社会や人々の問題を解決できる力を備えた人材を育成します。

2020年4月新設
視覚デザイン専攻
視覚伝達デザインコース
視覚情報デザインコース

2020年4月新設
工業デザイン専攻
空間演出デザインコース
工業ものづくりデザインコース

BMWデザイナーによる
特別授業を開催

BMWクリエイティブディレクター
東京工科大学客員教授
永 島 譲 二

デザイン専門職に
限らず幅広い分野
で活躍できる！

卒業後の進路
広告代理店や広告制作会社、Web制作会社のデザイナー・プランナー・プロデューサー、一般企業の総合職（商品開発・企画・広報・営業・制作・マーケティング）など

東京工科大学 デザイン学部

［蒲田キャンパス］〒144-8535 東京都大田区西蒲田5-23-22 ☎0120-444-925 https://www.teu.ac.jp/

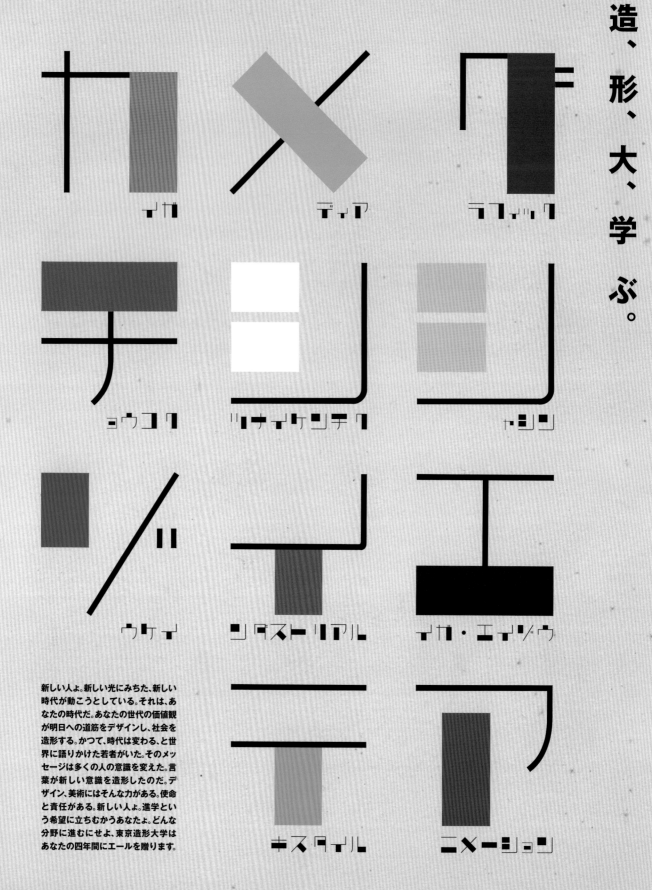

造、形、大、学、ぶ。

東京造形大学
Tokyo Zokei University

学校法人桑沢学園 東京造形大学
〒192-0992 東京都八王子市宇津貫町1556

グラフィックデザイン　メディアデザイン　インダストリアルデザイン　[美術学科]　[大学院]
写真　アニメーション　テキスタイルデザイン　絵画　造形研究科造形専攻
映画・映像　室内建築　彫刻　（修士課程・博士後期課程）

新しい人よ、自己造形の四年間を。

新しい人よ。新しい光にみちた、新しい時代が動こうとしている。それは、あなたの時代だ。あなたの世代の価値観が明日への道筋をデザインし、社会を造形する。かつて、時代は変わる、と世界に語りかけた若者がいた。そのメッセージは多くの人の意識を変えた。言葉が新しい意識を造形したのだ。デザイン、美術にはそんな力がある。使命と責任がある。新しい人よ。進学という希望に立ちむかうあなたよ。どんな分野に進むにせよ、東京造形大学はあなたの四年間にエールを贈ります。

[デザイン学科]

TEL. 042-637-8111(代)
https://www.zokei.ac.jp

未来と自分を探しだす。

2020年度設置学科

昼間部本科（専門課程）

						社会人一般・大学生向け夜間講座	
ビジュアルデザイン科	（3年）	イラストレーション科	（2年）	インテリアデザイン科	（2年）	グラフィックデザインコース	（10ヵ月）
クリエイティブアート科	（3年）	マンガ科	（2年）	空間ディスプレイデザイン科	（2年）	イラストレーションコース	（1年）
グラフィックデザイン科	（2年）	アニメーション科	（2年）	ファッションアクセサリー科	（2年）	Webデザイン短期速習コース	（4ヵ月）
						グラフィックデザイン入門コース	（3ヵ月）

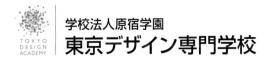

学校法人原宿学園
東京デザイン専門学校

〒151-0051 東京都渋谷区千駄ヶ谷3−62−8　TEL 03-3497-0701
https://www.tda.ac.jp

"サーバー管理人"

"サーバー" という言葉を聞いた事があっても、
それが実際にどんな役割を果たしているのか、
ご存知でしょうか？

実は、あらゆるウェブサービスは全て、
この "サーバー" がないと動かすことができないのです。

OAC の皆さまがデザイン・制作された、
アプリやウェブページも、
"サーバー" が安全に稼働している事によって、
サービスや運用が可能になるのです。

その裏では、トラブルが起きないように、
もしもトラブルが起きても
お客様が困らないように、
私たち "サーバー管理人"
が常にサーバーを見守っています。

SKYARCH
あなたの側(そば)で、あなた以上に考える。

紙と出会う場所

見本帖本店・各店では、それぞれ異なるサービスを通してファインペーパーの魅力に触れていただくことができます。
目的に合った見本帖で、お気に入りの一枚をお選びください。

見　本　帖
本
店

見本帖本店

1Fショップ 10:00-19:00　2F 11:00-19:00　休／土日祝
〒101-0054 東京都千代田区神田錦町3-18-3
Tel.03-3292-3631（1Fショップ）／03-3292-3669（2F）

青山見本帖

11:00-19:00 休／土日祝
〒150-0002 東京都渋谷区渋谷4-2-5 プレイス青山1F
Tel.03-3409-8931

竹尾見本帖 at Itoya

10:00-20:00／月〜土　10:00-19:00／日祝
〒104-0061 東京都中央区銀座2-7-15 G.Itoya 7F
Tel.03-3561-8311（銀座 伊東屋代表）

淀屋橋見本帖

11:00-20:00 休／淀屋橋odonaに準ずる
〒541-0042 大阪府大阪市中央区今橋4-1-1 淀屋橋odona 1F
Tel.06-6232-2240

福岡見本帖

9:00-17:30 休／土日祝
〒812-0042 福岡県福岡市博多区豊1-9-20
Tel.092-411-4531

約9,000種の紙が買える竹尾のウェブストア
takeopaper.com
takeopaper.comは、約9,000種のファインペーパーを購入できる竹尾のウェブストアです。
全紙サイズ1枚からの販売で、お好きなサイズに断裁することもできます。

株式会社 竹尾

本社／〒101-0054 東京都千代田区神田錦町3-12-6　Tel.03-3292-3611（代表）
国内／大阪支店・名古屋支店・仙台支店・福岡支店・札幌営業所・見本帖本店・青山見本帖・竹尾見本帖 at Itoya・淀屋橋見本帖・福岡見本帖
海外／香港・上海・クアラルンプール・バンコク　www.takeo.co.jp

TAKEO
paper trading since 1899

100th ANNIVERSARY 1919-2019

.Too

www.too.com

人々がクリエイティブになれる環境を
クリエイトする

クリエイターの制作環境を支え続けてきたTooは、
おかげさまで創業100周年を迎えることができました。
これからも表現したい人をサポートし、デザインの新しい価値の創造につとめ、
デザイン文化貢献企業を目指します。

株式会社 Too

本社：東京都港区虎ノ門3-4-7 虎ノ門36森ビル　事業所／東京・大阪・札幌・仙台・名古屋・京都・福岡

デザイン・映像制作・印刷分野の機器・ソフト販売、システムインテグレーション、修理・サポート、教育、各種サービス、デザイン用品の開発・販売 etc.

税務、会計の
BUSINESS PARTNER

野口会計法務事務所

HP　http://www.noguchikaikeihoumu.com/
Mail　noguchi-kunio@tkcnf.or.jp

お客様のことを
常に自分事として
行動します。

昭和57年に会計事務所として
第一歩を踏み出して以来30有余年、
初心を忘れず「お客様第一主義」の
精神を守り続け、
どのようなご相談に対しても
全力で対応いたします。

ビジネスパートナー
として、
お気軽に
ご相談ください。

帳簿指導・記帳代行
税務調査立会い
相続税・贈与税・事業継承対策
（各種シュミレーション・サービス）
創業のアドバイス、お手伝い
書面添付制度の対応
マイナンバー制のアドバイス、対応

野口 邦雄（野口会計法務事務所　所長）

税理士・行政書士　TKC全国会会員　関東信越税理士会所属　〒364-0005　埼玉県北本市本宿1-59
公益社団法人　日本広告制作協会　税務会計顧問　　　　　TEL：048-591-0553　FAX：048-591-2843

\\ 実務に役立つ //

宣伝会議の雑誌は
定期購読がおすすめです。

最新動向がつかめる
宣伝・広告・マーケティングの専門誌

毎月1日発売　1,300円（税込）

話題のクリエイティブを研究
オリエンに役立つ!

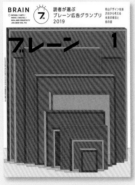

毎月1日発売　1,300円（税込）

プロモーション事例が豊富にそろう
プロの企画書もダウンロード可

毎月1日発売　1,300円（税込）

情報伝達スキルが身につく
日本で唯一の広報専門誌

毎月1日発売　1,300円（税込）

特典1 **バックナンバー7年分が読み放題!!**

❶ デジタル版が無料に! 過去7年分のバックナンバー全てを読めます。
❷ 記事検索が可能! 企業名、クリエーター名で調べられる。

※現在デジタル版のみを購読中のお客様は、
定期購読のお申し込み後にデジタル版の解約が必要です。

特典2 **宣伝会議の4大イベントにご招待**

宣伝会議サミット、アドタイ・デイズ
春／秋、インターネット・マーケティ
ングフォーラムに、無料でご招待。

特典3 **読者限定セミナーご招待**

各編集部が開催します、読者セミナーに無料で
ご参加が可能になります。

1誌につき

定期購読特典

デジタル版で記事検索
あの会社の事例もチェック

1年間 12冊	15,600円（税込）	+	デジタル版 12ヵ月分 10,560円（税込）→0円
2年間 24冊	31,200円（税込）	+	デジタル版 24ヵ月分 21,120円（税込）→0円
3年間 36冊	46,800円（税込）	+	デジタル版 36ヵ月分 31,680円（税込）→0円

Marketing & Creativity
宣伝会議

www.sendenkaigi.com

お申し込み、お問い合わせは
宣伝会議オンラインで

広告制作
プロダクションガイド
基本情報＆作品

後編：その他企業

100〜159ページには、公益社団法人 日本広告制作協会（OAC）の
会員社以外の情報を掲載しています。

- WHITE DESIGN／ WHITE／ MILK
- リード
- アートボード
- エーエイチレフ
- カゼプロ
- ココチエ
- サイレン
- シーズ広告制作会社
- しるし
- スリーライト
- 宣伝倶楽部
- そこそこ社
- chocolate.
- D2C dot
- dig
- ドットデザイン
- ナニラニ
- バードランド
- バックストリート
- ビアボーリンク
- ブラン
- むすび
- 守屋デザイン事務所
- YAOデザインインターナショナル
- レマン
- ロッケン
- WARP JAPAN

全27社
（掲載は原則アイウエオ順です）

☑ グラフィック

☑ 映像

☑ WEB

☑ アプリ

☑ イベント

☑ パッケージ

☑ その他

株式会社
WHITE DESIGN

CONTACT ADDRESS

📍 〒107-0062　東京都港区南青山 6-3-14
サントロペ南青山 204

📞 03-6805-1320　📠 03-6805-1321

🌐 whitedesign.jp

✉ info@whitedesign.jp

COMPANY PROFILE

- 設立　2008年9月
- 資本金　300万円
- 代表者　後 智仁
- 社員数　6 人
- クリエイター数　2 人

株式会社
WHITE

CONTACT ADDRESS

📍 〒107-0062　東京都港区南青山 6-4-6
オールモストブルーA棟-2 3階

📞 03-6434-1293　📠 03-6434-1294

🌐 whiteco.jp

✉ info@whiteco.jp

COMPANY PROFILE

- 設立　2012年12月
- 資本金　300万円
- 代表者　後 智仁
- 社員数　4 人
- クリエイター数　8 人

株式会社
MILK

CONTACT ADDRESS

📍 〒107-0062　東京都港区南青山 6-11-9
ビラ・エスケービル 3F

📞 03-3486-2343　📠 03-3486-2344

🌐 milkinc.jp

✉ info@milkinc.jp

COMPANY PROFILE

- 設立　2013年7月
- 資本金　400万円
- 代表者　代表取締役 鈴木 海／取締役 後 智仁
- 社員数　7 人
- クリエイター数　7 人

クリエイティブは、いつだって
真っ白な紙から始まる。

WHITE DESIGN / WHITE Co. / MILK

13年在籍した博報堂を辞め、後智仁が、今から11年前の2008年に立ち上げたのがWHITE DESIGN。アートディレクターとしてはもちろん、クリエイティブディレクターとして、ものづくりの現場に深く携わり、企業のため、世の中のために何かをつくり出したいという強い思いがカタチになったクリエイティブブティックだ。その後、今に至るまで飲料メーカーやアパレルブランド、さらには金融、美容、教育、映画など幅広い業界で多くの広告コミュニケーションを生み出しつづけている。もうひとつ、大切にしている思いがある。それは、コンセプトメイクからアウトプットまで、ひとつの集団で完結したい、ということ。川上から、川下まで一気通貫してブレないソリューションを提供することが可能になるからだ。映画業界の「○○組」のように、プロが集い、どの作品でも同じスタッフでものづくりをすることは、効率的でもあり、高いクオリティの管理という意味でもメリットは大きいと考えている。そこで、大きな役割を担うのが、WHITE Co.とMILKという、ともに後が主宰するふたつの会社の存在だ。CMディレクターの金川慎一郎をはじめ、さまざまなジャンルのディレクターが所属するWHITE Co.。CMだけではなく、エディター、イラストレーター、プロダクションデザイナーなど多様な才能が、日々アイディアを具現化しているディレクターズカンパニーだ。2019年冬には、建築家が新たにWHITE Co.のメンバーに加わり、建築はもちろん、店舗やイベントブースの設計・施工など、さらにフィールドが拡張されることになる。そして、このアイディアを主にグラフィック領域でアウトプットに定着させているのがMILK。20年以上も前から、後とともに多くの広告デザインを手がけてきたデザイナー鈴木海をチーフデザイナーに活動するグラフィック制作プロダクションだ。後の仕事以外にも、たくさんのアートディレクターから指名で仕事を受注し、デザインでそのプロフェッショナルな力を多方面で発揮している。また、最近ではアートディレクション全般をMILKで受注し、プロジェクトのグラフィックパートを一括で任される案件も増えてきている。WHITE DESIGN、WHITE Co.、MILK。この3社が、まさに「組」として連動し、質の高いソリューションを提供できることが、何よりもの強みなのだ。ひとつのコンセプトから、広告というひとつのアウトプットを生み出すのはもちろん、ブランディング、ときには店舗をつくってしまうこともある。企業のスタートアップに関わることもあれば、プロダクトやアプリ開発まで手がけることさえある。クリエイティブブティックとして、ディレクターズカンパニーとして、そして広告制作プロダクションとして。それぞれが質の高いプロフェッショナルの集団であるのはもちろん、協働することで、ワンストップのブレないソリューションが実現できるのだ。WHITE DESIGN、WHITE Co.、MILK。この先、この「組」が生み出すソリューションは、広告領域だけにはとどまらない。真っ白な紙に描くのは、どんなクリエイティブか。ぜひ、期待していただきたい。

株式会社 WHITE DESIGN

●会社PR　クリエイティブディレクター・アートディレクターである後智仁が、2008年に立ち上げたクリエイティブブティック。広告のディレクションだけではなく、クライアントと密に関わり、コンセプトメイクや商品開発なども数多く手がけている。

01・Golden Week Campaign 2018・Pre-fall Campaign 2018／H&M

02・UNIQLO 5TH AVE NEW YORK ／UNIQLO

03・UNIQLO UT POP-UP TYO／UNIQLO

04・Tap Marché／キリンビール

05・Kirala／MTG

06・AGA HAIR CLINIC／AGA HAIR CLINIC

07・KIREIMO／ヴィエリス

08・勝ちスイッチ／秀和システム

09・オフシアター歌舞伎／松竹

10・永い言い訳／
「永い言い訳」製作委員会

11・カラーパーカー／
UNIQLO

12・atama+／
atama plus

13・AMO'S STYLE
／トリンプ

14・ESSENCE／トリンプ

15・ÉTIQUETTE／
岡村靖幸

16・レイクALSA／新生フィナンシャル

17・澄みきり／キリンビール

18・KIREIMO／ヴィエリス

19・AGA HAIR CLINIC／
AGA HAIR CLINIC

20・Café Deli／キリンビバレッジ

21・ウルトラストレッチジーンズ／
UNIQLO

株式会社 WHITE

●会社PR　CMディレクターの金川慎一郎をはじめ、さまざまなジャンルのディレクターが所属するディレクターズカンパニー。広告だけにとどまらず、プロデューサー、フォトグラファー、エディター、イラストレーター、プロダクションデザイナー、建築家など多様な才能が集まる。

01・アフラック／アフラック

02・KIREIMO／ヴィエリス

03・エン転職／エン・ジャパン

04・ソフトバンク／ソフトバンク

05・MARUCHAN QTTA／東洋水産

06・グランブルーファンタジー／Cygames

07・FRISK NEO／クラシエフーズ

08・JR SKISKI／JR東日本

09・氷結／キリンビール

10・ハイゼットトラック／ダイハツ

11・眼鏡市場／メガネトップ

12・Renta!／パピレス

13・dプログラム／資生堂

14・日経電子版／日本経済新聞社

15・レイクALSA／新生フィナンシャル

16・鮮度生活 絹しょうゆ減塩／ヤマサ醤油

17・AMO'S STYLE／トリンプ

18・大正漢方胃腸薬／大正製薬

19・助太刀／助太刀

20・ビオレu 泡ハンドソープ／花王

21・ビオレ メイクの上からリフレッシュシート／花王

22・三菱地所／三菱地所

23・澄みきり／キリンビール

24・Z空調／ヒノキヤグループ

株式会社 MILK

●会社PR　20年以上前から、後とともに多くの広告デザインを手がけてきた鈴木海を
チーフデザイナーに活動するグラフィック制作プロダクション。主にグラフィック領域で発
揮するデザイン力は、多くのアートディレクターからの信頼を得ている。

01・POCARI SWEAT／
大塚製薬

02・ALL STAR LIGHT／
CONVERSE

03・楽動スーツ／AOKI

04・アサヒスーパードライ 瞬冷辛口／アサヒビール

05・アサヒスーパードライ 瞬冷辛口／アサヒビール

06・ブランド広告／マツダ

07・Paidy／Paidy

08・ISH2017／TOTO

09・WASHLET+／TOTO

10・POCKETABLE PARKA／UNIQLO

11・FALL ESSENTIALS／H&M

12・Ploom TECH／JT

グラフィック ☑

映 像 ☑

WEB ☑

アプリ ☐

イベント ☐

パッケージ ☑

その他 ☑

株式会社リード

CONTACT ADDRESS

📍 〒150-0002　東京都渋谷区渋谷1-11-1
　　COI西青山ビル4F

📞 03-6418-2475　📠 03-6418-2476

🌐 http://www.re-ad.co.jp/

✉ mail@re-ad.co.jp（担当：今井 達人）

COMPANY PROFILE

● **設立**　2007年7月3日　● **資本金**　715万円

● **代表者**　代表取締役社長　猪俣 秀行

● **社員数**　25人　● **クリエイター数**　15人

● **会社PR**　リードは、「集客」を強みとした広告会社
です。2007年の創立から、人を集める・売上を伸ば
すレスポンス広告を武器に、数多くのクライアント様
の集客をお手伝いしてきました。
今ではこの集客力を軸に、チラシ、パンフレット、ホー
ムページ、LP、マス広告、求人、企業理念・ビジョン
策定、ブランディング広告（CI、パッケージデザインま
で）まで、トータルなコミュニケーション施策をご提案
しています。

『グッとデザイン』で
関わる人をしあわせに

「グッとデザインで日本中にしあわせ
の輪を広める」、これはリード社員全員
が大切にする企業理念。私たちが目指
すのは、ただカッコいいだけの広告づ
くりではなく、人の心をグッと掴むため
のコミュニケーションづくりです。思わ
ず心が動く、足が動く広告こそ、リードの
『グッとデザイン』が持つ力です。これ
を達成するため、リードが創立から一
貫してこだわってきたのが"徹底的に消
費者目線になる"ということ。広告の
ターゲットは、いつも同じじゃありませ
ん。それは、業種・商品・媒体によって
異なります。リードでは、まず届けたい
相手が誰で、どんな生活をしていて、ど
のタイミングで広告に触れるかを明確
にします。そして、社内のクリエイティ
ブチームとともに、その消費者の心に
グッとくるデザイン・コピーは何かを考
え、追求します。そして、10年の経験か
ら磨き上げた成功パターンと照らし合
わせ、ベストな解決策をご提案します。
この成功パターンは、創立以来クライア
ント様とともに、消費者に対して最前線
で戦ってきたからこそ持ち得たものだ
と自負しています。クライアント様の目
標・ビジョンをお聞きしながら、ベスト
な解決策をご提案し、期待を超えるよう
な結果を出す。「リードと一緒なら数字
が伸び上がる」、「リードと一緒なら気持
ちが盛り上がる」、そんなしあわせの輪
を広めるために、これからも全力を尽く
します。

　創立10周年を過ぎ、リードは新たな
ステージに入りました。これまでは大手
エステサロン様など美容業界とのお付
き合いを中心としてきましたが、現在で
は他業界での実績も増えてきました。
ぜひ、「人を集めたい」、「売上を上げた
い」、「社員のやる気を引き出したい」な
どのお悩みがあれば、『グッとデザイン』
のリードにおまかせください。

01・ミュゼプラチナム／ミュゼプラチナム／ポスティングチラシ

02・ビューティーサロンリッツ／シェーンブルー／ポスティングチラシ

03・エステサロン BLOOM／スターエティック／電車内広告、タクシー広告
渋谷DSクリニック／ドクターDSクリニカルラボ／タクシー広告

01・ポスティング用のチラシです。ブランドイメージを保ちつつ、キャンペーンが強烈に目に留まるようにキャッチコピーを立たせるためのデザインを意識しています。02・ポスティング用のチラシです。どのように表現すれば一番お得に伝わるかを意識してクリエイティブ制作を行っています。03・通勤などの移動中、何気なく目に入るではなく、記憶に残す事を意識して制作しています。落ち着いたデザインが多い中で、差別化としてインパクトを重視しました。タクシーの車内に掲出されているリーフレットです。同時期に展開していたプライベートジムの逆張りになるよう、攻撃的なキャッチコピーにしました。

☑ グラフィック

☑ 映像

☑ WEB

☐ アプリ

☐ イベント

☑ パッケージ

☑ その他

「作る」も「売る」も、デザインします。

リードは、デザインだけをしておしまい…ではありません。クライアント様のご要望に合わせて、コンセプト・ネーミング・キービジュアル制作はもちろん、美容商材であれば商品開発からプロモーションまでトータルにご提案が可能です。「消費者が欲しがる商品を作りたい」、「思わず手に取るパッケージにしたい」、「最適な媒体で広告を打ちたい」、「集客力のある効果的なプロモーションを行ないたい」など、社内クリエイティブチームがあらゆるニーズに期待以上の結果でお応えします。

04・CHIPIE-シピエ-／アヴァンセ／ブランドサイト、パッケージデザイン

05・リズム／リズム／ブランドサイト、パッケージデザイン

06・モリーズ/ARIGATO／パッケージデザイン

04・ブランド立ち上げから携わっています。コンセプトは「わたしのきれいを、甘やかす」。大人女子のわがままを叶えるコーディネートコスメです。**05**・商品ブランディングは見た目をかっこ良くするだけではなく、『どうやったら売れるか?』の価値づくり、売り方の仕組みづくりなど、グラフィックデザインの垣根を超えたお手伝いをしています。企業ブランディングは、理念やコンセプトづくりから提案。言葉からデザイントーンを決定していきます。

グラフィック

映像

WEB

アプリ

イベント

パッケージ

その他

株式会社
アートボード

CONTACT ADDRESS

〒150-0034 東京都渋谷区代官山町9-10
co-lab代官山 5F

03-6452-5323　　FAX 03-6452-5359

https://artboard.co.jp/

info@artboard.co.jp

COMPANY PROFILE

● 設立　2014年12月25日　● 資本金　300万円

● 代表者　代表取締役社長　泉 龍太郎

● 社員数　4人　● クリエイター数　4人

● 平均年齢　32.6才

● 会社PR

より良いものを目指して、当社が大切にしているデザイン制作は、下記の4つを心掛けています。

心の変化をつくりだす

商品広告をつくる際には、まず商品の特徴とターゲットを理解します。消費者に、価値があると感じさせる広告メッセージを決め、消費者の中に「心の変化」をつくり出す、最適なデザインを提案します。

情報を正しく整理する

私たちが行うことは、ただ綺麗なデザインを組むだけの作業ではありません。強く訴求する内容はどこにあるのか、本来この情報は必要なのかを見極めます。伝えるべきことを明確に、読みやすいレイアウトに整えます。

アイデアを生む。 工夫をする

広告には人の気持ちを揺さぶるようなアイデアや工夫も必要です。ユーモアやシズルを感じさせたり、思わず開きたくなるようなDMなど、人の気持ちが動きたくなるアイデアを考え、積極的に提案します。

つくるで終わる、わけがない

制作完了後も広告効果について、クライアントと丁寧にミーティングを重ねます。 次の目標をクライアントと共有し、どのような手段や広告表現が効果的なのか、あらゆる角度から一緒に考えます。

はたらく今日が、いい日に。

doda

01・dodaロゴ ／ インテージ ／ 転職情報サイト

02・MEIWA CSR ／ 明和地所 ／ ロゴ ポスター

03・ASESSENCE ロゴ ／ アロマサロン ／ ブランディング

04・Sottosoel ／イデオリズム ／ブランディング

05・明治座ビアテラス ／明治座 ／ポスター

06・福井県若狭路フォトミッション ／キラキラリーグ ／PRツール各種

07・LOCHERBER ／大同 ／オフィシャルサイト

08・AOI.Pro ／タラムスコンテンツ ／採用サイト

01・転職サイトdodaのブランドロゴ。末尾の「Wake Symbol」は、"はたらく"と転職の不安や悩みが解消された時に生まれる「気づき」を表しています。03・アロマサロンのCI・VI、空間デザインなど立ち上げから担当。06・若狭路観光誘致のため、キャンペーンロゴやサイト、SNS運用など各種PRツールの制作を担当。

株式会社
エーエイチレフ

CONTACT ADDRESS

📍〒101-0047　東京都千代田区内神田
　1-15-10-208（シェア型複合施設：the C）

📞0422-77-7413

🌐http://a-href.jp

✉contact@a-href.jp

COMPANY PROFILE

● 設立　2015年4月1日
● 資本金　200万円
● 代表者　代表取締役社長　大島 雄輔

● 会社PR
「a href」とは html タグで「link」を意味します。人と
人をリンクさせ、そのリンクが波紋のように広がって
欲しいという思いが込められています。
私たちはクリエイティブな発想を持って、デザインと
エンジニアリングによる、新しい価値の創造を探求し
ているクリエイティブスタジオです。

企画・情報設計からデザイン、HTMLコーディング、
CMS構築、アニメーションによる演出まで内制作業
でシームレスに一気に行います。ほぼ全ての工程を
内制作業で行うので、最初から最後までお客様の納
得のいく品質までしっかりと丁寧に仕上げられること
が弊社の強みになります。

また、撮影やコピーライティング、大規模なシステム開
発等が必要な場合も、専門のパートナー会社と連携し
て行いますので、お客様からは安心して全てお任せ頂
けるとのお声を頂いています。

コンテンツの情報をストレスなくスピーディーに伝え
る事が必要となった今、出来るだけシンプルなWeb
コミュニケーションが重要だと考えており、直感的で
使いやすいインターフェースと、記憶に残るような
ユーザー体験を設計し、デザインとエンジニアリング
を組み合わせることで、最大限にアプローチします。

● 海外のWEBアワードの審査員を務めています。
・Awwwards（2018〜現在）
・Design Awards Asia（2016〜現在）

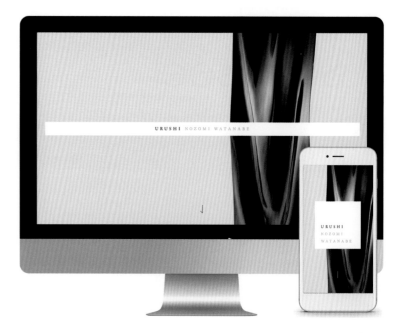

01・ポートフォリオサイト／渡邊希／WEBサイト

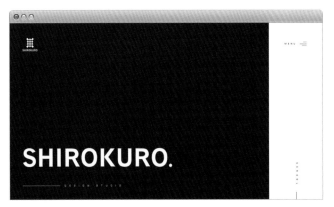

03・オンラインストアー／KITOWA／WEB
サイト

02・ポートフォリオサイト／SHIROKURO.／
WEBサイト

05・コーポレートサイト／ahref inc.／WEB
サイト

04・ショップサイト／SYAN／WEBサイト

01・作品のサイズ感を伝えたいというご要望があったので、作品をページ内に並べることでサイズ感を比較しながらシームレスに閲覧できるよう
にしました。02・掲載作品を絞り一つ一つのストーリーを丁寧に伝えられるよう設計しました。03・ブランドの世界観がしっかりと伝わるようなEC
サイトを目指しました。04・他店とは差別化を図ったデザイン性の高いサイトを目指しました。05・デザインコンセプトが直感的に伝わるような設
計をしました。

グラフィック

映 像

W E B

アプリ

イベント

パッケージ

その他

カゼプロ株式会社

CONTACT ADDRESS

〒106-0046　港区元麻布3-1-29
03-6455-5559　FAX 03-6455-5445
http://www.kazepro.com
inquiry@kazepro.com

COMPANY PROFILE

● 設立　2006年12月12日　● 資本金　800万円
● 売上高　非公開
● 代表者　戸練直木
● 社員数　19人　● クリエイター数　7人
● 平均年齢　32才

● 会社PR　カゼプロは、クリエイティブ・エージェンシー。クリエイティブ・プロデュースのスペシャリスト集団です。商品/サービスの課題に対して、最適なクリエイティブチームを結成し、その力を最大限に引き出し、効果的で、かつ面白くワクワクするコミュニケーションを設計から実施までプロデュースします。CMなどムービー、グラフィック広告を中心に、ロゴ開発、コンセプト開発、商品開発、ショップ設計/デザイン、PRイベント、WEB/SNS制作・運営など、案件ごとに必要なすべてのクリエイティブを領域としたトータルのコミュニケーションを提供します。

※Creators' index165ページ、中村賢太、高藤達也もご参照ください。

01・eyecity／HOYA／TVCM

02・オロナミンC／大塚製薬／TVCM

03・紅白歌合戦／NHK／TVスポット

04・三次元マスク／KOWA／TVCM

05・ぷるもち水餃子／大阪王将／TVCM

06・H.I.S. Hawaii／H.I.S.／TVCM

07・メルカリ×ネイマール／メルカリ／TVCM

08・自由のブラ／PEACH JOHN／TVCM

09・映画ドラえもん のび太の月面探査記／映画ドラえもん製作委員会／OOH等

10・創立69周年 企業広告／wacoal／新聞広告

11・BRAGENIC ／wacoal／ポスター

12・オロナミンC／大塚製薬／OOH

13・CW-X SPORTS BRA ／wacoal／OOH

14・世界水泳／テレビ朝日／ポスター等

15・科捜研の女 20周年記念／テレビ朝日／新聞広告

16・美ノ国／日本ハム／ポスター

17・NICE BODY BRA／PEACH JOHN／カタログ

18・AMERICAN TOURISTER／Samsonite Japan／新聞広告

19・2019 collection／PUMA／ポスター

20・eyecity／HOYA／OOH

グラフィック

映像

WEB

アプリ

イベント

パッケージ

その他

株式会社ココチエ

CONTACT ADDRESS

📍 〒107-0062　東京都港区南青山5-15-9
　　FLAT AOYAMA 301
📞 03-6451-1647　📠03-6451-1648
🌐 https://kokochie.co.jp
✉ contact@kokochie.jp

COMPANY PROFILE

- 設立　2013年6月6日　●資本金　400万円
- 売上高　2.5億円
- 代表者　代表取締役　糸島 求一
- 社員数　26人　●クリエイター数　20人
- 平均年齢　34才

●**会社PR**　私たちは「マーケティング全体をデザインし、最大の成果を導き出す」をモットーに、広告制作やサービス提供、プロダクト開発に取り組む、約30名からなる少数精鋭のクリエイティブ集団です。
グラフィックデザインとともに、コンテンツ企画・編集から、システム・アプリ開発までワンストップで行うだけでなく、ブランディング、広告、CRM、PRなど、これまで第一線で活躍してきたプロフェッショナルによる高度なマーケティングノウハウを活かし、各顧客接点ごとのツール、情報、デザインの最適化を行います。
また、当社ではクライアント企業に代わり、企画・運用を完全にお預かりすることも多く、特に女性向けライフスタイル分野に強みをもち、ファッション、コスメ、旅行、グルメ、インテリアなどの分野に精通しています。

01・白馬岩岳マウンテンリゾート（上）・白馬山麓／白馬観光／WEBサイト（上）・パンフレット

02・Sheage／東急不動産ホールディングス／WEBメディア・アプリ

03・パラサポ公式サイト／日本財団パラリンピックサポートセンター／WEBサイト

04・Oliviers&Co／Oliviers&Co／ブランディング

05・ブノワグレースクリーム／ブノワ株式会社／商品LPサイト

06・L'OCCITANE／ロクシタンジャポン／ECサイト

01・「冬の白馬」から通年遊べる「マウンテンリゾート」へとリブランディングする上で必要なマーケティング戦略を策定。白馬エリア全域のパンフレットの作成やWEBサイトの制作を担当。02・『私らしく、もっと輝く』をテーマにした女性向けライフスタイルメディア「シェアージュ」。デザイン、アプリ開発、マーケティングなど全業務を一括して担当。03・スポーツを通してD&I（ダイバーシティ＆インクルージョン）社会の実現へと取り組む、日本財団パラリンピックサポートセンター。公式サイトの企画からアートディレクション、撮影・執筆・デザイン・コーディングなど、制作全般を担当。04・フランス発の最高級オリーブオイルブランド。ブランディング、戦略策定、プロモーション実行などを担当。販促ツールの作成やECサイトの制作・運用を始め、年間の予算計画からマーケティング領域を全面的にサポート。05・高価な"超純水"を採用した画期的な化粧品を展開するブノワ株式会社。商品LPサイトと、ブランドパンフレット制作を担当。06・旧ECサイトの課題や問題点の抽出から、グローバルに展開するUI/UXのコンサルティングを担当。

☑ グラフィック
☐ 映像
☐ WEB
☐ アプリ
☐ イベント
☑ パッケージ
☑ その他

有限会社サイレン

CONTACT ADDRESS

📍 〒153-0051　東京都目黒区上目黒1-5-15
　　第三フレンドビル 4F
📞 03-5721-1278　📠 03-5721-1278
🌐 http://www.siren-japan.com
✉ info@siren-japan.com（担当：ミツボリ）

COMPANY PROFILE

● 設立　1990年7月29日　● 資本金　300万円
● 代表者　代表取締役社長　三堀 大介
● 社員数　4人　● クリエイター数　4人
● 平均年齢　34.5才

● 会社PR　ドラマチックな世界観を一枚のグラフィック空間に封じ込めた「絵（ビジュアル）で語るデザイン」を志向するデザイン事務所です。
映画・舞台・ドラマ・テレビ・音楽・イベント・アートなどエンターテイメント全般を中心に、ファッション・飲食・スポーツ・音楽など、ジャンル問わず展開しております。
オリジナルキーアートのアートディレクション・撮影ディレクション・デザイン・合成加工から、ロゴ作成、パッケージ、各種販促ツール開発までお手伝いします。
NETFLIX社とNETFLIX Preferred Creative Agencyとして提携、デジタルアセットにおいても配信業界最先端の技術仕様に準拠しております。

01・映画「サーティセブンセカンズ」／ノックオンウッド／ポスター

02/03・映画「岬の兄妹」／プレシディオ／ポスター

04・映画「ジョン・ウィック：パラベラム」／ポニーキャニオン／日本版ポスター

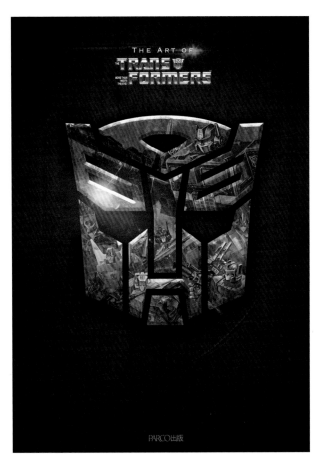

05・「The Art of THE TRANSFORMERS」／パルコ出版／書籍装丁

06・丸山ゴンザレス 地球のカオス展／パルコ／展覧会ポスター

07・ローランド〜俺か、俺以外か〜／パルコ／展覧会ポスター

株式会社
シーズ広告制作会社

CONTACT ADDRESS

大阪本社

〒530-0037
大阪市北区松ケ枝町6-11 SEASビル

📞 06-6351-6673　📠 06-6351-6415

🌐 http://www.c-seas.co.jp

✉ info-seas@c-seas.co.jp

東京支社

〒150-6139 東京都渋谷区渋谷二丁目24番12号
渋谷スクランブルスクエア39F

📞 03-5778-4123　📠 03-6700-6866

🌐 http://www.c-seas.co.jp

✉ info-seas@c-seas.co.jp

関連会社
株式会社サイバーシーズジャパン
株式会社シーズシティーグループ

COMPANY PROFILE

● 設立　1990年7月　● 資本金　9,800万円
● 売上高　9億6千万円（2019年 7月決算）
● 代表者　代表取締役社長　篠原 仁郎
● 社員数　45人　● クリエイター数　42人
● 平均年齢　37才

大阪本社:SEASビル

● 会社PR　シーズ広告制作会社はグラフィックデザインを
主軸に、企画、販促企画、ブランド戦略、カタログ制作
などを手がける総合プロダクションです。大阪・東京を
拠点とし、グループ内のWEB制作会社（サイバーシーズ
ジャパン）、自社スタジオを持つ撮影チームとも連携。
各チームがプロジェクトごとに、グラフィック・WEB・
撮影・企画など、多岐に渡るクリエイティブサービスを
提供しています。大阪本社・東京支社ともに営業職が
存在しないクリエイティブスタッフ中心の組織体制は、
グループ創業から40年以上変わることなく、代理店や大
手企業の系列に属さない独立系制作会社として常に
きめ細かな対応を心がけ、お客様が納得いただける
アウトプットをご提供します。

MIRA fitness

店名/商標
由来について

MIRA fitnessの「MIRA」は未来＝MIRAIからの派生した言葉です。
また、『Move動く』
　　　『Identity自分自身であること』
　　　『Raise持ち上げる』
　　　『Action行動する』
4つのキーワードの頭文字をつなげたポジティブな造語でもあります。
より明るく輝く未来へ、自らカラダを動かし、心を解き放つ場所であることを体現しました。

01・新規事業ブランディング／株式会社アプレシオ／フィットネス店舗デザイン・撮影・媒体一式

02・総合カタログ（表紙・中面）
／株式会社プリンストン

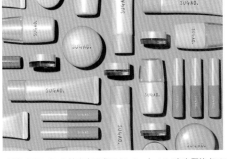

03・SUGAO #シロネコ肌／ロート製薬株式会社／交通広告・店頭／CD+C：小林麻衣子（POOL inc.）、AD：宮内賢治（POOL inc.）、D：小松真也（シーズ広告制作会社）

04・ミスタードーナツ公式サイト／株式会社ダスキン
／ウェブサイト

05・ヴェレダ公式サイト／株式会社ヴェレダ・ジャパン
／ウェブサイト

01・24時間フィットネスの新規事業立ち上げから参加し、ネーミング開発、店舗デザイン、コミュニケーションツール等、ブランディング構築に関わる一式を担当しております。また、出店前の計画段階から現場調査、新規店舗交渉用のファサードデザインなど、グラフィック作業にとどまらず、空間デザインを含めご依頼いただいております。02・総合カタログや商品冊子、webまでの製作を担当。03・ブランドの立ち上げからロゴ、パッケージ、店頭、交通広告、webまで全般のデザインを担当。04・10年以上にわたり、ディレクション、デザイン、コーディング全般を担当しています。05・主にキャンペーンページのディレクション、デザイン、コーディング全般を担当しています。

グラフィック

映像

WEB

アプリ

イベント

パッケージ

その他

株式会社しるし

CONTACT ADDRESS

📍 〒153-0042 東京都目黒区青葉台1-9-9
📞 03-6416-4625　📠 03-6416-4626
🌐 https://www.shilushi.com
✉ info@shilushi.com（担当：川崎.児玉）

COMPANY PROFILE

● 設立　2015年1月9日　● 資本金　9,000,000円
● 代表者　代表取締役　佐々木 博一
● 社員数　8人　● クリエイター数　6人
● 平均年齢　34.8才

● 会社PR

らしさを刻む。らしさを讃える。

それが、SHILUSHIが考える、パーソナライズド・デ
ザインです。一人ひとり、一つひとつが持つ、誰にも似
ていない唯一無二の魅力を磨くこと。

価値観が多様化しても、もの・こと・ひとにはそれぞれ
に不変の本質がある。私たちは、そのアイデンティティ
を見つけるお手伝いからはじめます。

それは、職人のものづくりに似ています。ひとつずつ、
突き詰めて考え抜き、よけいなものをそぎ落とし、最
もシンプルな形とスタイルで表現する。そのように「ら
しさ」のコアをていねいに磨き、未来のヴィジョンまで
描くことで、もののカタチ、ことの価値、ひとの五感と
体験を、デザインします。
私たちのメゾンで、ゆっくり、お話ししましょう。

らしさを刻む、クリエイティブメゾン
CREATIVE YOUR MARKS SHILUSHI

賞歴
・German Design Award'20 (Germany).Winner
・AIAP WOMEN in DESIGN Award'19 (Italy).Premio
・DFA Design for Asia Awards'18 (Hong Kong). Bronze
・AIAP WOMEN in DESIGN Award'17 (Italy).Premio
・K-DESIGN AWARD'17 (Korea).Grand Prize
・DFA Design for Asia Awards'17 (Hong Kong).Silver
・Awwwards / Honorable Mention（H.M）Award

01・365 COLORFUL SHADES／Own company／ブランディング

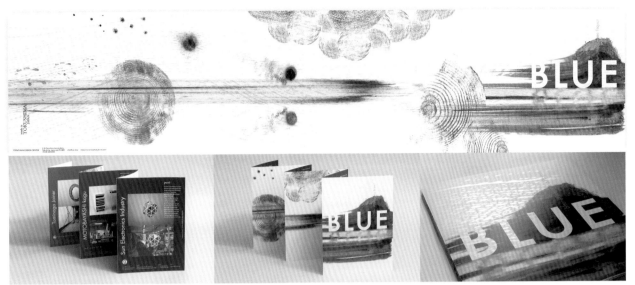

02・TOKUSHIMA overseas publicity project 2019. "Blue2@TOKUSHIMA"／TOKUSHIMA DESIGN CENTER／カタログ

03・PHILOSOPHY of MURAYAMA／
MURAYAMA INC.／ブランディング

04・Branding for a new store at GINZA SIX／
DNP／パッケージ

01・自社ブランディングとして毎年新たなデザインで提案しているカレンダー。白い紙へ色の反射とレーザーカットを用いて光があたると印象的な影が落ちるように設計し、四季や時間を描いています。AIAP WOMEN in DESIGN Award'19／German Design Award'20.受賞。**02**・徳島の藍をパリのメゾンに提案するためのカタログ。絵巻物のような蛇腹折りの片面に、水の街、徳島の特徴を藍を使ったキービジュアルで表しています。**03**・「企業理念を社員に伝える何か」という依頼から生まれたカードと本。感動をつくる企業らしさを表現するために、ページをめくるたびにイマジネーションを広げるビジュアルで構成し、驚きや発見がある印刷加工を施しています。**04**・老舗洋菓子メーカーのGINZA SIX店用のブランディング。創業から受け継がれてきた英国文化を体現。店舗空間でパッケージが彩りとなるように設計しました。

グ
ラ
フ
ィ
ッ
ク ☑

映
像 ☑

W
E
B ☑

ア
プ
リ ☐

イ
ベ
ン
ト ☑

パ
ッ
ケ
ー
ジ ☐

そ
の
他 ☑

株式会社
スリーライト

CONTACT ADDRESS

📍 〒103-0005
　東京都中央区日本橋久松町5番6号
📞 03-5640-5457　FAX 03-5640-5456
🌐 https://threelight.co.jp/
✉ contact@threelight.co.jp

COMPANY PROFILE

● 設立　1987年12月11日　● 資本金　3,600万円
● 売上高　29億3千万円（2019年9月決算）
● 代表者　代表取締役社長　佐々木 勝
● 社員数　88人　● クリエイター数　36人

● 会社PR
わたしたちスリーライトは、様々なお客様の広告とプロ
モーション、WEB、映像、グラフィックデザイン、各種印刷、
PRイベント、展示会の企画・進行・運営など、あらゆる
B2Cコミュニケーションを0からまるごとカタチにする
ことを強みとしている総合広告制作会社です。

WEB制作では、キャンペーンサイトやブランディングサイト
の制作を得意としています。企画の提案からデザイン、
コーディング、サイト運営はもちろん、連載企画の考案、
原稿制作、イラスト制作、写真撮影、プロモーション用
グッズ制作までワンストップで手がけることができ、
インパクトのある展開でお客様のプロモーションをお手伝い
しています。

● スタッフ構成（クリエイティブセクション）
○ デジタルクリエイティブ
　WEBプロデューサー／WEBディレクター／
　WEBデザイナー／コーダー
○ エディトリアルプランニング
　編集／ライター／コピーライター
○ デザイン
　アートディレクター／グラフィックデザイナー／
　DTPデザイナー／イラストレーター
○ ソリューション
　プランナー／イベントディレクター
○ その他
　フォトグラファー（ドローン可）／レタッチャー

※Creators' index167ページ、新藤綾もご参照ください。

01・レミーマルタン XO 父の日スペシャル／
RÉMY COINTREAU JAPAN／WEBサイト

02・帝京大学ラグビー部／帝京大学／WEBサイト

03・ROCKY MOUNTAIN FEATHERBED 2019 FALL & WINTER／
サーティーファイブサマーズ／WEBサイト

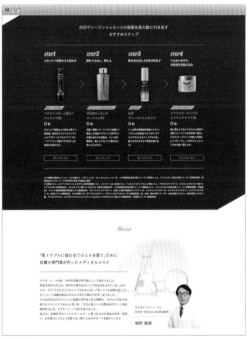

04・5GFヴァージンエッセンス／ドクターシーラボ／WEBサイト

05・フジテレビのCSR／
フジテレビジョン／WEBサイト

06・消防防災博物館／
一般財団法人 消防防災科学センター／WEBサイト

01・プロモーションの企画、WEB・店頭ツールの制作、キャンペーン運用一式を担当。02・強化クラブ8サイトの制作・更新を担当。03・コレクション
サイトを撮影から担当。写真をふんだんに使用しブランドの世界感を演出。04・新商品特設サイト。商品を引き立てるシンプル＆スマートなデザイン。
05・CSR活動リポートの更新を十数年担当。活動報告書の制作も。06・消防防災に関する様々な情報を提供する特設サイト。CMS運用。

株式会社
宣伝倶楽部

CONTACT ADDRESS

📍 〒104-0045　東京都中央区築地2-4-2
築地242ビル 3F

📞 03-3524-1128　FAX 03-3544-0885

🌐 http://www.club-s.co.jp

✉ info@club-s.co.jp

COMPANY PROFILE

● 設立　1987年3月3日　● 資本金　1,000万円
● 売上高　3億円（2019 年 8 月決算）
● 代表者　代表取締役社長　東 良成
● 社員数　17 人　● クリエイター数　10人
● 平均年齢　39才

SENDEN CLUB
宣伝倶楽部

● 会社PR　私たちの仕事は、クライアントの思いや
商品の魅力を、それを必要としている人たちにしっかり
と伝えることです。アイデアを活かしてメッセージの
作り方や届け方を工夫することで、商品の価値が引き
出されてターゲットにきちんと伝わり、広告が大きな
成果を上げることができます。通信の発達やデバイス
の多様化など、環境は時代とともに変化していきます
が、これからも商品やターゲットを取り巻く状況を見つ
め、より効果的なクリエイティブワークを追求していき
たいと思います。

● 業務内容　グラフィック広告企画デザイン制作、プロ
デュース、WEBサイト企画デザイン制作、プロデュー
ス、SP、POP、ポスター、DM企画デザイン制作、プ
ロデュース、会社案内・パンフレット・PR誌企画デザ
イン制作、プロデュース、CI・ロゴ企画デザイン制作、
パッケージ、ラベル、ノベルティーデザイン制作、映像
企画プロデュース

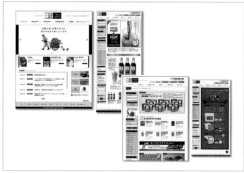

01・CI・VIデザイン／
三喜屋珈琲株式会社／ポスター

02・Webサイト企画デザイン・運営／三喜屋珈琲株式会社／
コーポレートサイト・ショッピングサイト

03・パッケージデザイン／三喜屋珈琲株式会社／ブランドツール

04・包装デザイン／
三喜屋珈琲株式会社／ブランドツール

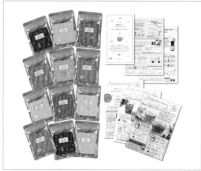

05・パッケージデザイン・パンフレット制作「enherb」／
株式会社コネクト／パッケージ・パンフレット

06・ポスターデザイン「シロアリバスターズ」／
株式会社アサンテ／ポスター

07・店頭ステッカーデザイン／アメリカン・エキスプレス・インターナショナル, Inc.／ステッカー

08・会員特典冊子制作「ボーナスポイント・パートナーズ」／
アメリカン・エキスプレス・インターナショナル, Inc.／冊子

09・店頭POPデザイン「ガツン、とみかん」／赤城乳業株式会社／店頭POP

10・キャンペーンポスター「春爛漫くじ」／全国都道府県及び20指定都市／ポスター

11・キャンペーンポスター「幸運の女神くじ」／全国都道府県及び20指定都市／ポスター

12・20周年カレンダー・ピンバッジデザイン／
アリスタ フードソリューションズ ジャパン株式会社／カレンダー・ピンバッジ

13・リテール向けPOPデザイン・制作／アリスタ フードソリューションズ ジャパン株式会社／POP

14・パンフレット制作／全国労働者共済生活協同組合連合会／パンフレット

15・ロゴマークデザイン／
外務省「2007日中文化・スポーツ交流年」

16・輸出認定ロゴマークデザイン／
農林水産省

01〜04・コーヒー豆・食品卸販売、喫茶経営をする「三喜屋珈琲」のVI開発と、ウェブサイトや各種パッケージを制作。シンボルキャラクターは、戦後リヤカーで豆を売り歩いていた創業者をモデルに。05・ハーブ専門店「enherb」が期間限定で「ルミネ新宿」に出店する際の特別パッケージを開発。毎号テーマを決めておすすめのハーブを紹介する月刊リーフレット等も制作。06・映画とのタイアップで生まれたキャラクターでグラフィックツールを制作。07〜08・アメリカン・エキスプレスのクリエイティブは、BtoB、BtoCとも幅広く手掛けています。09〜11・タレントを起用してのロケ・スタジオ撮影、グラフィック制作の実績も豊富です。12〜13・「アリスタ フードソリューションズ ジャパン」の20周年記念ロゴ、販促ツールの他、商品紹介ポスター等も制作。14・リリー・フランキー氏をコラムニストに迎え、「家族」と「家」というテーマのコラムを通して共済商品を紹介。15〜16・いずれもコンペで採用されたロゴデザインです。

グラフィック ☑
映像 ☑
WEB ☑
アプリ ☐
イベント ☑
パッケージ ☑
その他 ☑

株式会社
そこそこ社

CONTACT ADDRESS

📍 〒162-0805　東京都新宿区矢来町121
　日幸ビル 5F
📞 03-3269-6771　📠 03-3269-6771
🌐 https://www.sokosoko.co.jp
✉ info@sokosoko.co.jp

COMPANY PROFILE

● 設立　2011年6月20日　● 資本金　10万円
● 代表者　代表取締役社長　古山 玄
● 社員数　3 人
● 平均年齢　36 才

● 会社PR　そこそこ社は、ブランディングを軸に、コピーライティング・企画・編集・撮影・ソーシャルメディア運用・コンテンツマーケティングを行う、広告制作会社です。

　私たちが目指すものは、格好良いだけのクリエイティブではなく、「心を動かし、行動を促すクリエイティブ」。きちんとターゲットに届き、結果を出すコミュニケーションです。

　そこそこ社のメンバーは、マスおよびデジタル広告代理店や制作会社のプランナー、雑誌編集、メーカーのマーケティング責任者等、さまざまな立場からブランディング・コンテンツ制作に携わった経験があり、業種を問わず多角的なご提案が可能です。

　そこそこ社は、「そこ！そこ!!!」と、かゆいところに手が届く、そこそこな広告会社です。

※ Creators' index168ページ、ふるやまげんもご参照
　ください。

そこ、そこ! そこそこ!!
かゆいところに手が届く

企業の広告・マーケティングご担当者様と一緒に、ブランディングから販売戦略までをカバー。

　当社のお客様のうち約半数が、事業会社・メーカー様（直クライアント）です。市場調査やターゲット戦略の立案、ブランディング、商品企画、商品撮影、パンフレットやWEBサイトの制作、販売戦略の策定や、SNSの活用まで、困った時になんでも相談できるパートナーとして、信頼をいただいています。

　同時に、広告代理店・制作会社様からのご依頼による、コピー、撮影、コンテンツ制作も行っています。ほかにもコンセプト提案、プロモーション全体の企画、提案書作成ブレーンとしての部分参加も可能です。実績でお出しできないのが残念ですが、さまざまなプロジェクトに参加し、目的やターゲットに合わせた企画やコンテンツをご提案しています。

企業SNSの企画運用、コンテンツ制作に強み。
伝わる「言葉」と伝える「手段」をご提案します。

　品質とスピード感、日々の細かなケアが要求される企業公式SNS運用では、ご提案段階のコンセプト策定、ターゲットの設定から、企画、記事制作、撮影、レポーティングまで、ワンストップでお受けできるのが強み。食品メーカー、アパレルブランド、ライフスタイルブランドなど、幅広い業種のお客様から、「売り上げや、顧客コミュニケーションにおいて、目に見える成果が上がってるやん!」とお喜びいただいています。

　まずは、案件の大小に関わらず、お話しませんか？　ご縁があり、末永いお付き合いになりますよう、そこそこ社一同、楽しみにお待ちしています。

一緒に、いい仕事をしましょう!

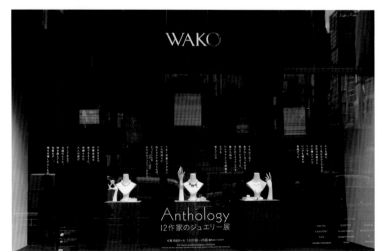

01・「Anthology 12作家のジュエリー展」／和光／会場装飾・ショーウインドウ（企画・コピー）

02・まなかのお葬式・記憶の小箱／まなか／ブランドブック・PRツール

03・みちの墓苑／まなか／ブランドブック

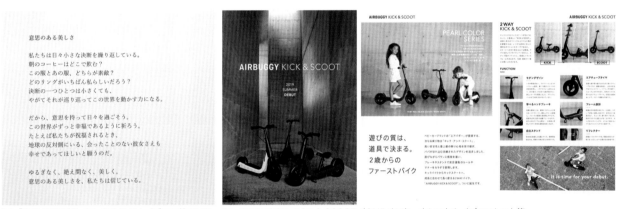

意思のある美しさ

私たちは日々小さな決断を繰り返している。
朝のコーヒーはどこで飲む？
この服とあの服、どちらが素敵？
どのリングがいちばん私らしいだろう？
決断の一つひとつは小さくても、
やがてそれが巡り巡ってこの世界を動かす力になる。

だから、意思を持って日々を過ごそう。
この世界がずっと幸福であるように祈ろう。
たとえば私たちが祝福されるとき、
地球の反対側にいる、会ったことのない彼女さえも
幸せであってほしいと願うのだ。

ゆるぎなく、絶え間なく、美しく。
意思のある美しさを、私たちは信じている。

04・「意思のある美しさ」／HASUNA／ブランドコンセプト

05・AIRBUGGY KICK & SCOOT／GMPインターナショナル／パンフレット等

06・ACACIA／マークスインターナショナル／Webサイト・SNS等

07・やさしいハイデザント 封入リーフレット／ユーハイム／リーフレット

01・ジュエリー展開催にあたって、ネーミング・コンセプト・コピーおよびSNSプロモーション企画を担当。ショーウィンドウには、ジュエリーにまつわるエピソードが綴られています。02・「まなかのお葬式」のコンセプトを伝えるブックに加え、より深く理解してもらうためのアプローチとして、体験型ツールを開発しました。夫婦や大切な人同士で想いを書き込み、手元に取っておくことができます。03・「みちの墓苑」のネーミング・コンセプト・各種コピーと制作物を担当しました。3つの施設が同居する全く新しい墓苑のコンセプトを、土地の歴史と絡めて伝えています。04・ジュエリーブランド「HASUNA」のリブランディングにあたり、ブランド・アイデンティティを作成。社外向けのブランドコンセプトと合わせて担当しました。05・ベビーカーブランド「エアバギー」のフィロソフィーを受け継ぐ新アイテムのリリースにあたり、ブランドコピーを作成しました。06・「ACACIA」の撮影・スタイリングを担当。日常に取り入れやすいカッティングボードの使い方を提案しています。07・リーフレットのデザイン・撮影・コピーを担当。メーカー様が無添加で丁寧に作ったお菓子の魅力を伝えるため、シンプルに読みやすいコピーを作成しました。

グラフィック ☑

映 像 ☑

W E B ☑

ア プ リ ☐

イ ベ ン ト ☐

パ ッ ケ ー ジ ☑

そ の 他 ☑

株式会社
chocolate.

CONTACT ADDRESS

📍 〒151-0001　東京都渋谷区神宮前4-23-10
　　ラルコバレーノ神宮前103

📞 03-6804-1145　📠 03-6804-1406

🌐 http://www.chocolate-net.jp/

✉ info@chocolate-net.jp

COMPANY PROFILE

● 設立　2007年3月　● 資本金　200万円
● 売上高　非公開
● 代表者　代表取締役社長　汐月陽一郎
● 社員数　7人　● クリエイター数　7人
● 平均年齢　34才

● 会社PR　chocolate. は今年で設立12周年を迎え、グラフィック関連の制作スタジオに加えて、自社専用の撮影スタジオを立ち上げました。食品・キッズ・ファッション・トラベルを中心に、紙媒体からパッケージ・ムービー・webと幅広く手がけています。私たちはお客様とパートナー的に関わり、深く寄り添いながら一緒になってもの作りをしています。

01・アップルパイ／紀ノ国屋／商品紹介ムービー

02・アップルパイ／紀ノ国屋／パッケージ　　03・アップルパイ／紀ノ国屋／パンフレット

04・東京信用保証協会の概要／東京信用保証協会／サービス紹介ムービー

05・紀ノ国屋通信／紀ノ国屋／パンフレット

06・HANDS CAFE メニュー／東急ハンズ／カフェメニュー

07・hands be ショッパー／東急ハンズ／パッケージ

08・ハワイ72時間／JTBパブリッシング／旅行ガイド

09・京都完全版／JTBパブリッシング／旅行ガイド

10・台湾完全版2019／JTBパブリッシング／旅行ガイド

11・趣味どきっ!／NHK出版／テキスト

12・会社案内／バロックジャパンリミテッド／パンフレット

13・ここち、らくちん。／Mediplus／パンフレット

14・KEYCO／商品カタログ

15・保証マンスリー／東京信用保証協会／パンフレット

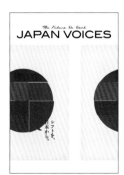

16・JAPAN VOICES／パンフレット

17・きれい除菌水／TOTO／パンフレット

01・02・03・紀ノ国屋商品の中でも歴史のあるアップルパイをプロモーションするため、新パッケージ、ムービー、パンフレットで展開をしました。04・イラストを多用し、親しみやすく、複雑な内容でも分かりやすくなるように仕上げました。05・テーマに沿って毎号誌面の雰囲気を変え、毎月お客様が手に取るのが楽しみになるように心がけています。06・フライパン型のインパクトのある形にしました。メニューの最後には目玉焼きを配置し、遊び心を追加しています。07・様々な商品を取り扱う雑貨屋の雰囲気を出すために、複数の書体を組み合わせ、にぎやかな印象に仕上げました。08・「持っているだけでも嬉しくなる旅行本」をコンセプトに、ページをめくるたび変化を楽しめる本に仕上げました。09・10・写真や文字の扱いにメリハリをつけ、読者の目によくとまり、かつ読みやすいレイアウトになるよう仕上げました。11・幅広い層の読者に手にとってもらえるよう、優しくて、しっとりとした夜時間の雰囲気が出るようにしています。12・白と黒を基調にシャープに仕上げました。13・ゆったりとした雰囲気で、このブランドの化粧品を使用することによって、日々の生活が豊かになるイメージになるよう仕上げました。14・大胆な写真の扱い方で、洗練された雰囲気にしています。15・毎号、表紙で東京都内の印象的な風景を展開しています。16・日の丸をモチーフに、アシンメトリーで動きのある誌面にしました。17・パッと見て、直感的に「安心」や「清潔感」などが伝わるような、水がモチーフの大胆なグラフィックに仕上げました。

グラフィック

映像

☑ WEB

☑ アプリ

☑ イベント

パッケージ

その他

株式会社 D2C dot

CONTACT ADDRESS

📍 〒104-0061　東京都中央区銀座6-18-2
野村不動産銀座ビル

📞 03-6226-8930

🌐 https://www.d2cdot.co.jp

✉ info@d2cdot.co.jp

COMPANY PROFILE

● 設立　2013年　● 資本金　6,500万円

● 代表者　代表取締役社長　四栗 崇

● 社員数　106人

● 平均年齢　33歳

● 会社PR　企業の情報が生活者に対してますます伝わりにくい時代になる中、D2C dotは企業や商品が「伝えたいコト」を最適な手法で生活者に「伝わるカタチ」にするプランニング＆プロデュース集団です。クライアントが抱える課題に対してゴール設定を明確にし、プロセスも含めた企画を組み立て、制作・運用・分析までワンストップで対応できることが私たちの強みです。大きく3つの領域を活動の場として取り組んでいます。

1. デジタル・プロモーション領域
クライアントのコミュニケーション課題解決にむけて、デジタルを起点としたプロモーション施策を実施。KGI・KPI策定からPDCAのストーリー設計・成果レポートまで担う「立証力」と、世界的なアワードの受賞実績もある「クリエイティブ力/実行力」の両輪で企画・設計・実施・運用まで幅広いニーズに対応します。

2. コンテンツマーケティング領域
メディア運営に関わる全ての領域を担当しており、記事の企画から制作(数百本/月)・編集など一元管理しています。

3. 事業・サービス支援領域
「radiko」の開発・運用・保守などを担当。企業が年間を通して運用する「事業・サービス」を支援しています。

さらに、上記の3つの領域をバックアップする分析(HCD・人間中心設計、UI/UX)・運用(オウンドメディア・SNS)体制もあります。ユーザー行動分析の専門家である「人間中心設計専門家」がUX改善サービス「Human Centered Analytics」のプロセスを通して、現状把握から施策の実施・分析まで行います。
沖縄県にOwnedオウンド/Earned Media アーンドメディアに特化した専門チームも新設し、コンテンツマーケティング・SNSの運用体制を強化しクライアントのニーズにお応えします。

01・ホスタイル・プラネット 非情の惑星／FOXネットワークス／OOH

02・石原さとみの大人舌レッスン／明治／WEB

03・リラックマとカオルさん ローンチプロモーション／Netflix／OOH・EVENT

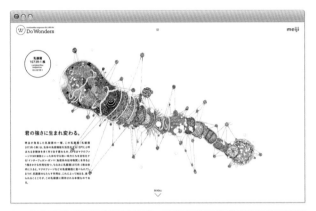

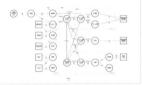

04・Do Wonders／明治／WEB

05・HARUMI FLAG／WEB

06・あなたに贈る ほどける ひとこと／森永乳業／WEB

07・海と風のあいだ／三井不動産／WEB

01・地球上の最も過酷な環境と、そこに生きる野生動物の姿に迫るドキュメンタリー番組「ホスタイル・プラネット 非情の惑星」番組プロモーション。
02・明治 ザ・チョコレートのパッケージにスマホを入れると、石原さとみさんが ザ・チョコレートの愉しみ方を教えてくれるスペシャルコンテンツ。
03・Netflixオリジナルドラマ「リラックマとカオルさん」ローンチプロモーション。東横線/山手線ジャック・新宿地下道イベントをトータルプロデュース。2019 59th ACC TOKYO CREATIVITY AWARDSブランデッドコミュニケーション部門 BカテゴリーにてACCシルバー受賞。**04**・免疫のメカニズムを楽しく学んでゆくプロジェクト「Do Wonders」スペシャルサイト。**05**・晴海五丁目西地区第一種市街地再開発事業によって誕生する都市開発プロジェクト「HARUMI FLAG」Webサイト。**06**・"いまの気分"と"いまの時間 "から、こころ"ほどける ひとこと"をお届けする「マウントレーニア」デジタルコンテンツ。**07**・小説家は、物語が動き出すのを待っている。ハレクラニ沖縄の開業を記念したスペシャルドラマ連動Webサイト。

グラフィック ☑
映 像 ☑
WEB ☑
アプリ ☑
イベント ☐
パッケージ ☑
その他 ☑

株式会社dig

CONTACT ADDRESS

📍 〒151-0066　東京都渋谷区西原3-17-8
dig bldg.

📞 03-5790-7523　📠 03-5790-7524

🌐 https://www.dig.co.jp

✉ info@dig.co.jp

COMPANY PROFILE

- 設立　1996年10月　●資本金　3,000万円
- 売上高　2億9,000万円（2019年8月決算）
- 代表者　松本知彦
- 社員数　26人　●クリエイター数　24人
- 平均年齢　33.5才

●会社PR　1996年設立。イメージコンサルティングをスローガンに、WEBからプリントメディアまで媒体を問わない、総合的なデザインマネジメントを手掛けています。調査・コンサルティングから戦略立案・デザイン・システム開発・運用までを一貫して提供できる体制をもち、WEBだけではなくエディトリアルデザイン、ロゴの開発や、コーポレートツールの制作でも多くの実績があります。　2016年からはスローガンとしてあらたに「Create Brand」を掲げ、ブランディングの分野にも注力しています。

● MainClient　レナウン、イトキン、ライドオンエクスプレス、ルネサンス、大日本印刷、宣伝会議、講談社、三越伊勢丹、千乃コーポレーション、かねまつ他（順不同・敬称略）

※Creators' index167ページ、成宮成もご参照ください。

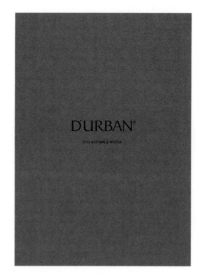

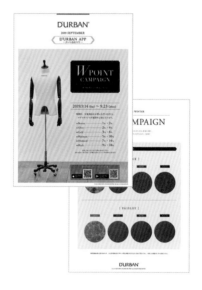

01・ダーバン 2019／レナウン／上から2019シーズンカタログ、POP、ポスター、WEBサイト

02・宣伝会議／宣伝会議／雑誌

03・医道の日本／医道の日本社／雑誌

04・東大読書／東洋経済新報社／書籍

05・1回で伝わる 短い英語／
KADOKAWA／書籍

06・部分点をねらえ！数学Ⅲ／
学研プラス／書籍

07・中学理科ノート／正進社／教材

08・会社案内／スターティアホール
ディングス株式会社／パンフレット

09・TCN 2019／TCN／2019シーズンブック、WEBサイト

10・銀のさら／ライドオンエクスプレス／
サービスロゴ

11・コトリオ／コトリオ／コーポレートロゴ

01・紳士服ブランド「D'URBAN」の2019AWツール制作。シーズンビジュアルの撮影からルックブック、ポスター、POPなど、各種
ツールの制作を担当。同時にブランドサイトのコンテンツ制作&更新も行った。02・65年の歴史がある広告マーケティング専門
誌。雑誌タイトルロゴ、誌面アートディレクション、ページデザインなどトータルで手がける。直感的に訴えるデザインを意識し、
読者を誘導する仕掛けやビジュアルを多用した。04・現役東大生の読書術を学べる一冊。普遍的な内容なので長く飽きのこな
いデザインを目指した。10・宅配寿司「銀のさら」の新業態テイクアウト事業用のロゴ。ビジュアルブランディング全体も担当。

株式会社
ドットデザイン

CONTACT ADDRESS

〒107-0052　東京都港区赤坂5-4-13
ホワイト赤坂7F・9F
03-3560-9200　FAX 03-3560-9201
http://www.dot-design.co.jp/
info@dot-design.co.jp

COMPANY PROFILE

- ●設立　2011年6月8日　●資本金　800万円
- ●代表者　程野榮治
- ●社員数　7人　●クリエイター数　6人
- ●平均年齢　35才

●会社PR　伝えたい商品や想いはあっても、それを伝える表現方法は無限にあります。情報のあふれる現代社会の中で、伝えるべきメッセージをいかに増幅させ、人の心へと届けるか。私たちはクライアントのニーズを的確に捉えて、アイデアの発想力・デザインの定着力・制作物のプレゼンテーション力を総動員し、最も効果的なクリエイティブを提案します。そして、より多くの人に感動を与え、世の中を動かすクリエイティブを目指します。

01・エプソンのスマートチャージ／エプソン／新聞広告

02・ファミマカフェコーヒーカップ／ファミリーマート／パッケージ

03・小麦胚芽のクラッカー／森永／ポスター

04・ファミマカフェ／ファミリーマート／ポスター

05・TRUME S collection／エプソン／ポスター

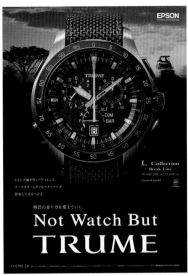

06・TRUME L collection／エプソン／ポスター

07・TRUME M collection／エプソン／ポスター

08・黒い砂漠／PearlAbyss／交通広告

09・黒い砂漠／PearlAbyss／交通広告

10・ファミマフラッペ／ファミリーマート／ポスター、パッケージ

11・Hard Rock EXPERIENCE／Hard Rock／ポスター

12・シーガルフォー商品カタログ／シーガルフォー／カタログ

01・SDGsを促進した新聞広告です。02・専門店をイメージしたデザインで、コーヒーの本格感を高めました。03・ODMポスターです。04・コーヒーマシンのリニューアル告知ポスターです。店頭POPのリニューアルも同時に手掛けました。05・06・07・独創／唯一無二を象徴する・実感できるビジュアルで展開しました。08・09・ODMポスターです。10・パッケージ、ポスター、店頭POPをデザインしました。11・Hard Rockのロゴを軸に展開する4点シリーズです。12・浄水器の商品カタログです。

グラフィック ✓

映像 ✓

WEB ✓

アプリ ☐

イベント ☐

パッケージ ✓

その他 ☐

株式会社ナニラニ

CONTACT ADDRESS

📍 〒151-0063 東京都渋谷区富ヶ谷2-43-15
山崎ビル4F

📞 03-6416-8388 📠 03-6416-8398

🌐 http://www.nanilani.com

✉ hello@nanilani.com

COMPANY PROFILE

- ●設立　2005年4月1日　●資本金　1,000万円
- ●代表者　村瀬 隆明
- ●社員数　16人　●クリエイター数　15人
- ●平均年齢　33才

●会社PR　わたしたちは、ブランドを成功に導くための、デザインコンサルティングファームです。戦略、プロデュース、デザインの力で、クライアント特有の潜在価値を発見、定義し、そこに独自のアイデンティティーを与えます。表層的なデザインだけでなく、内面から本質的、包括的な価値を引き出し表現することで、商品・サービス、企業のブランド力の最大化に貢献します。

"Imagine. Draw."
より良い姿を、想像し、描く。

誰もが秘めている想像力と、デザインの力を信じて。ときに直感的に、ときに戦略的に。常に人と人との繋がりを大切にしながら、クライアントの未来を想い、描いていきます。サービスや商品のさらなる成長やブランド価値の向上を通じ、世の中に貢献する。それが、わたしたちの使命です。

社名の"ナニラニ"は「美しい空」という意味を持ちます。晴れの日も雨の日も、どんな空模様でも一緒に空を見上げる。そんな存在にわたしたちはなりたい、強くそう願っています。

２０１８年夏には自社事業、和む菓子「なか又」を前橋市にオープンしました。商品開発、製造、運営まで自己プロデュースで取り組んでいます。

※Creators' index168ページ、久田幸弘もご参照ください。

shinya kigure+Lo.cul.p

01・なか又／自社事業

02・JINS／ジンズ／ブランディング

03・BitCash／ビットキャッシュ／ブランディング

04・ウェルビー／ブランディング

05・スマホ診／つなぐクリニックTOKYO／VI開発

06・Jack Bunny!!／TSIグルーヴアンドスポーツ／シーズンビジュアル開発

07・IMA next／amana／サイトデザイン＋構築

08・Nursery GIFT BOOK 2種／HRC＋徳間書店／装丁・冊子・付録デザイン

株式会社
バードランド

グラフィック ☑
映像 ☐
WEB ☐
アプリ ☐
イベント ☐
パッケージ ☑
その他 ☐

CONTACT ADDRESS

📍 〒160-0022 東京都新宿区新宿1-5-9
📶 03-3354-2031　📠 03-3354-2860
🌐 http://www.birdland-co.jp
✉ birdland@birdland-co.jp

COMPANY PROFILE

● 設立　1990年12月18日　● 資本金　1,000万円
● 売上高　1億円（2019 年 7 月決算）
● 代表者　代表取締役社長　峯岸 龍男
● クリエイター数　9人
● 平均年齢　30才

● 会社PR

グラフィックデザインに
仕事を超えた情熱があります。
つくることは楽しむことから始まり、
ハードワークと幸運、そして人との
ネットワークが組み合わさり成り立ちます。
夢見たころのスタイルや
スピリットを持ち続けながら
世の中に求められ、
選ばれる良い仕事をする。
毎日をワクワクさせてくれる人々に出会って、
刺激を受けながら学び、
新しいステップを楽しめることは
とてもエキサイティングでハッピーです。
いつでも何か面白いことが起こりそうな
デザインラボでありたいです。

01・G'S COFFEE／ガスト／新聞広告

02・ヒカリエ広告／渋谷ヒカリエ／東急電鉄車内広告

03・東急でんき＆ガス キャラクター「てるまる」／
東急パワーサプライ／キャラクター

04・Emioキャラクター「エミミ」／
西武プロパティーズ／キャラクター

05・チャレンジ☆キッズショップスタッ
フ／西武プロパティーズ／ポスター

06・西武本川越ペペ28th大感謝祭／
西武プロパティーズ／ポスター

07・iTSCOM開局30周年／iTSCOM／ポスター

08・リゼ・メンズリゼ広告／リゼ／東京メトロ車内広告

01・平成最後のコーヒーのリニューアルを大化の改新になぞらえた新聞広告です。雅びやかなデザインにすることで、より上質で味わい深くなっ
たコーヒーの商品特徴を感じられるように制作しました。02・渋谷ヒカリエの服飾・食・文化の要素を建物の外観に見立てて制作したビジュア
ルを大きく使った広告です。ポスターだけでなくブランディングムービーなど、さまざまな媒体に展開されています。03・電球をモチーフにした
表情豊かでシンプルな親しみやすいキャラクター。04・商業施設らしくショッピングバッグを着たうさぎの女の子のキャラクター。05・ファミ
リー層を対象に、親しみやすいデザインに仕上げた子供参加型イベントの告知ポスターです。06・明るく楽しい「お祭り」をイメージした提灯
のグラフィックを大胆にレイアウトしたポスターです。07・開局30周年を記念して各事業の社会との繋がりを、イラストを使って賑やかに表現
した広告です。08・電車内でも目立つ蛍光ピンクの背景に、脱毛後の肌のツルツル感を「すべる」イラストで脱毛の気軽さを表現しました。

グラフィック ☑
映像 ☑
WEB ☑
アプリ ☐
イベント ☑
パッケージ ☑
その他 ☐

株式会社
バックストリート

CONTACT ADDRESS

📍 〒150-0001　東京都渋谷区神宮前1-20-13
　　ノーサレンダービル3F

📞 03-5771-5581　📠 03-5771-5584

🌐 http://www.backstreets.jp

✉ bs@b-brothers.com（担当：菅野）

COMPANY PROFILE

● 設立　1993年4月27日　● 資本金　1,000万円
● 売上高　398万円（2019年3月決算）
● 代表者　代表取締役社長　小笠原 希
● 社員数　8人　● クリエイター数　2人
● 平均年齢　38.0才

● 会社PR　映像制作（企画・制作進行・配信）
音楽制作（企画・制作進行・配信）
イベント制作（企画・制作進行・施工・運営）
WEB制作（企画・制作進行・運営・マーケティング）
グラフィック制作（企画・制作進行・印刷）
ノベルティ制作（企画・制作進行）
広告・プロモーション全般のコーディネート（撮影・キャ
スティング・PRなど）

関連会社　株式会社ハングリーハート
　　　　　＜ＣＭキャスティング＞
　　　　　株式会社logfilm
　　　　　＜映像ディレクション・マネジメント＞

主に教育関連の映像・音楽の制作プロデュース、
国内外（海外は中国・台湾など）の展示イベントの
施工運営を行っています。その他、WEBマーケティン
グやプロモーションの企画運営、広告制作全般の
コーディネートやスタッフィング、ノベルティ制作などを
プロデュースいたします。

01・「こどもちゃれんじ ぷち」／ベネッセコーポレーション／こどもちゃれんじ教材映像／DVD&WEB配信

02・「しまじろうとうるるのヒーローランド」／ベネッセコーポレーション／映画しまじろう2019／実写パート

03・「進研ゼミ小学講座」／
ベネッセコーポレーション／販促用DM映像

04・「ミュウツーのおさんぽ」／ポケモン／
ポケモンKidsTV／YouTube公式チャンネル

05・「進研ゼミ小学講座」／
ベネッセコーポレーション／販促用DM映像

06・「チェッコリ」／ポケモン／
ポケモンKidsTV／YouTube公式チャンネル

07・「ハッピーフェスティバル」／
ベネッセコーポレーション／コンサート制作

08・「中国・上海 E&P2019」／日本オートマチック
マシン／電子部品・精密機器展／デザイン・施工

09・「SHIODOME Twilight イルミネーション2018」／
汐留B街区管理組合／プロデュース・デザイン・施工・運営

10・「東京オートサロン2019」／3Dデザイン／
BMWカスタムカー展示／デザイン・施工

11・「イセタン靴博2019」／リーガルコーポレーション／
新宿伊勢丹本館／デザイン・施工

13・「REGAL WEEK 2019 秋」／リーガルコーポ
レーション／パンフレット・ポスター制作

12・「中国・広州GTIショー」／バンダイナムコエンター
テインメント／ゲームショー／デザイン・施工・運営

自社ブース展開

16・「コンテンツ東京2018」／自社ブース展開／
デザイン・施工・運営

17・「コンテンツ東京2018」／自社ブース展開／
デザイン・施工・運営

18・「コンテンツ東京2019」／自社ブース展開／
デザイン・施工・運営

14・「REGAL WEEK 2019 秋」／
リーガルコーポレーション／LP制作

15・「コネクタ総合カタログ2019」／
日本オートマチックマシン／企画・デザイン・印刷

☑ グラフィック
☑ 映像
☑ WEB
☐ アプリ
☑ イベント
☑ パッケージ
☑ その他

株式会社 ビアボーリンク

CONTACT ADDRESS

📍 〒107-0062　東京都港区南青山6-7-3
桜木ビル 6F

📞 03-6427-7547　📠 03-6427-4670

🌐 www.viaborink.com

✉ mail@viaborink.com（担当：原田）

COMPANY PROFILE

- 設立　1982年12月　● 資本金　300万円
- 売上高　1億5000万円（2019年 9月決算）
- 代表者　代表取締役社長　河合恭誌
- 社員数　6人　● クリエイター数　4人
- 平均年齢　44.8才

● 会社PR　時代の空気感をとらえ、モノ・コトが最も光る瞬間を切り取り、ブランドの言葉にできない「見えない空気」をカタチにする。ファッションブランドを中心に企業のCI・BIからグラフィック、映像、音楽、WEB、空間までを一気通貫したデザインで手がけます。企業のコンセプトや魅力をシンプルで洗練された表現で生活者に響く、直球なアウトプットを目指し、クライアントの思いやブランドのコンセプトが最も光るように、その世界感をシンプルに表現したデザインを得意とし、紙のカタログから、デジタルによるWEBカタログの表現などメディアを問わず多様なアウトプットができる会社です。楽しみながらつくり、見た人も楽しく感じるカタチをクライアントの方も、一緒に仕事をしているスタッフもONE TEAMになって心を動かす仕事を目指します。

01・ダイアナ WEBカタログ／ダイアナ株式会社／ダイアナ オフィシャルWEBサイト

02・+diana 動画・WEBサイト／ダイアナ株式会社／+diana オフィシャルWEBサイト

03・ダイアナ シーズンコレクション／ダイアナ株式会社／雑誌広告

04・ダイアナ Disney Collection／ダイアナ株式会社／雑誌広告

05・ダイアナWEBカタログ／ダイアナ株式会社／ダイアナ オフィシャルWEBサイト

06・UNTITLED シーズンコレクション／株式会社ワールド／カタログ

07・ESTNATION シーズンコレクション／株式会社サザビーリーグ／カタログ

08・CLUB QUATTRO／株式会社パルコ／ロゴ・サイン

09・Vivienne Westwood Shoes, An Exhibition 1973-2012／Vivienne Westwood／展示会

10・PEARLY GATES／株式会社サンエー・インターナショナル／CM

11・Callaway GOLF／株式会社サンエー・インターナショナル／CM

12・CLUÉL & CLUÉL homme／有限会社ダストフリープロダクション／雑誌

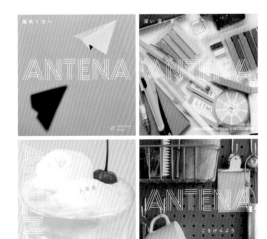

13・ANTENA／株式会社MSエンタテインメント／CDジャケット

14・PIZZA-LA ピザーラお届け！／株式会社フォーシーズ／CM・PK

01・紙による左右にめくる雑誌タイプを、デジタルによる上下にスクロールする新しいWEBカタログで表現。雑誌広告・カタログ・WEB・映像など各メディアを通じて展開している。02・ブランドの企画から、コンセプト・ネーミング・ロゴ・パッケージの制作、「＋」をキービジュアルに統一性を持たせて雑誌広告・カタログ・WEBサイト・SNS・映像・音楽からSHOPまでメディアを横断してブランドイメージを表現している。13・ロックバンド「ANTENA」のCDジャケット。ブルーを基調にANTENAの世界観を楽曲に合わせて表現している。

株式会社 ブラン

CONTACT ADDRESS

〒108-0075　東京都港区港南2-12-32
サウスポート品川10F

03-5782-8031　FAX 03-5782-8055

https://bla.jp

info@bla.jp（担当：村田／齊藤）

COMPANY PROFILE

- 設立　2005年3月1日　●資本金　1,000万円
- 代表者　代表取締役社長　神崎 博文
- 社員数　60人　●クリエイター数　49人
- 平均年齢　36.0才

●会社PR　「ブラン」とは、フランス語で「白」のこと。その名のシンプルさとは対照的に、私たちがノウハウを蓄積しているジャンルは多彩。IT関連からファッション、教育、住宅、クルマまで。" we design all. blanc "のスローガンのもと、グラフィックやWebというメディアにとらわれない自由な発想で、コミュニケーションをデザインしていくデジタル・クリエイティブ・プロダクションです。課題解決に向けた施策提案をワンストップ且つスピーディに行う[アカウント＆プランニング部]と、メディアの垣根を越えた制作環境の[クリエイティブ1〜3部]で構成。多様なニーズにお応えいたします。

※Creators' index169ページ、松尾晋佑もご参照ください。

01・EVERYSWEAT「いろんな汗はいろんな未来の入り口だ」／大塚製薬／WEB

02・東武のバレンタイン2019／東武百貨店／ポスター・カタログ等

LINEスタンプ

缶バッチ

ミニタオル

マスキングテープ

03・ららぽーとTOKYO-BAY リニューアルビジュアル／三井不動産商業マネジメント株式会社／WEB・グラフィック・ノベルティ

04・文教大学教育学部改組特設サイト／文教大学学園／WEB

© 1996, 2018 SANRIO CO., LTD.

05・ポムポムプリンのポムポム福笑い／株式会社サンリオ／WEB

06・NOLTY70周年／日本能率協会マネジメント
センター／動画（イベント・WEB）

07・TOKYO福祉のお仕事アンバサダー／
東京都／WEB・グラフィック・動画

08・「BSフジ+1」モーションロゴ／
ビーエスフジ／BS TV

01・2020年のポカリスエット40周年に向け、40人のインタビュー動画・記事を掲載し更新していくコンテンツ。02・2019年バレンタインのポスター、交通広告、店頭POP、ブックレット等を制作。催事場イベント「ショコラマルシェ」への集客も意識。03・ららぽーとTOKYO-BAYのリニューアルに伴い、メインビジュアルおよびLP・リーフレット・LINEスタンプ・ノベルティを開発。04・文教大学教育学部のオリジナルサイト。なりたい先生の職種によって内容を6つに分け、ターゲットのモチベーションに沿ってサイトの内容をそれぞれ構成。05・キャラクターのブランディング強化を目的としたミニゲーム。SNSでの拡散を狙い、シンプルなルール設定と楽しい結果画面を意識して制作。06・手帳ブランドNOLTYの70周年ムービーを制作。70年の歴史をたどりながら、各時代のライフスタイルに合わせて進化してきた商品であることを表現。07・キャラクターを起用した福祉関係の職業のイメージアップキャンペーン。働く人への取材動画・記事、職種紹介などを各ツールに合わせて制作。08・「BSフジ+1」のモーションロゴ。「あなたの心に+1」と「深い議論を+1」の2タイプを制作。

□ グラフィック
☑ 映像
☑ WEB
□ アプリ
□ イベント
☑ パッケージ
□ その他

株式会社
むすび

CONTACT ADDRESS

📍 〒103-0023 東京都中央区日本橋本町1-5-4
住友不動産日本橋ビル5F

📞 03-6734-9237　📠 03-6734-9231

🌐 https://musubi.studio

✉ hello@musubi.studio（担当：大輪）

COMPANY PROFILE

● 設立　2018年8月29日　● 資本金　9,000,000円
● 代表者　取締役社長　大輪恭平
● 社員数　8人　● クリエイター数　5人
● 平均年齢　36才

● 会社PR　私たち「株式会社むすび」はグラフィックデザインを中心に、紙、WEBなど幅広い媒体で、まだ誰も見たこともない成果へと結実させるクリエイティブカンパニーです。それぞれのプロジェクトごとに専門的な技術とアイデアを持つスペシャリストを集め、最高のチームを編成。だからこそ自由で幅の広いご提案が可能になります。デザイナー、コピーライター、カメラマン、イラストレーター、プログラマー…。「むすび」に集うスペシャリストの肩書きをあげれば、きりがありません。「むすび」では、その一人一人が、各々の職域にとらわれず、アイデアを競わせています。すべてはより良いものをつくり上げるため。ときに遊ぶように。ときに戦うように。「むすび」はスペシャリストが切磋琢磨する場でもあります。
私たちは及第点を目指す、おりこうさんの集まりではありません。"ふつうにいいクリエイティブ"では満足しません。クライアントの要望以上のものを企画・制作しています。「次はどんなことをしてくれるのだろう？」そんなワクワクに応えることが大好きです。一つのプロジェクトのなかでクリエイターとプロデューサーに上下はなく、代理店やクライアントとも意見を出し合い、新たな成果へと、みんなで結実させていきます。

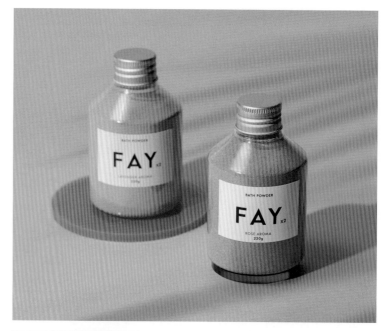

01 FAYx2キーヴィジュアル／株式会社ホエホエ／入浴剤

02 PLAY ACTIVEキーヴィジュアル／フマキラー株式会社

03 無駄な会議は、終わりにしよう。／ライズネット株式会社／交通広告

04 サプリメント／オリエンタルバイオ株式会社／パッケージ

05 スクールTV／株式会社イー・ラーニング研究所／広告

06 ザ・パレス-日本の春-／株式会社パレスホテル／カタログ

07 メディアファイターズ コーポレイトブランディング／株式会社メディアファイターズ／ロゴ・ビジネスツール・WEBサイト

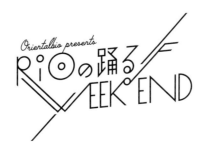

08 踊るヴァイオリニストRiO ブランディング／株式会社Primo／ロゴ・ラジオロゴ・WEBサイト

株式会社
守屋デザイン事務所

左側タブ（縦書き）：
✓ グラフィック
✓ 映 像
✓ WEB
□ アプリ
□ イベント
✓ パッケージ
✓ その他

CONTACT ADDRESS

📍 〒107-0062 東京都港区南青山 6-8-3
セピアコート 201

📞 03-5466-7507　📠 03-5466-0570

🌐 http://www.mdst.co.jp

✉ info@mdst.co.jp（担当：田中）

COMPANY PROFILE

● **設立** 1999年　● **資本金** 1,000万円
● **代表者** 代表取締役社長 守屋康宏
● **社員数** 5人　● **クリエイター数** 5人

● **会社PR** 国内外のファッション、ジュエリー、時計などのブランドや、ホテル、企業などの、広告、Webサイト、ロゴから、ブローシュア、エディトリアル、ムービー、DM、紙袋や商品のディティールまで、幅広くアートディレクション、デザインをしています。

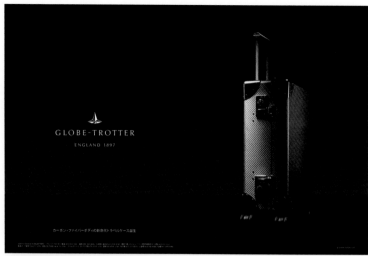

01・GLOBE-TROTTER／AD

02・GLOBE-TROTTER／Promotion movie

03・GLOBE-TROTTER／Christmas card

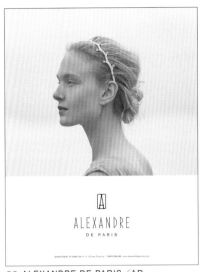

04・Traditional Weatherwear／AD

05・Traditional Weatherwear／AD

06・ALEXANDRE DE PARIS／AD

07・PARK HYATT NISEKO HANAZONO／Brochure

08・Mandarin Oriental Tokyo／Brochure

09・Palace Hotel Tokyo／Brochure

10・Four Seasons Hotel Kyoto／Brochure

11・The Westin Tokyo／Website

12・Four Seasons Hotel Kyoto／Website

01・イギリスのスーツケースブランドGLOBE-TROTTERの、新作カーボンモデル"AERO" COLLECTIONのためのビジュアル。02・GLOBE-TROTTER "AERO" のプロモーションムービー。映画007のオフィシャルパートナーである事からスパイ映画風に。03・GLOBE-TROTTERのクリスマスカード。100年以上前からサンタはずっとGLOBE-TROTTERのスーツケースを使って、プレゼントを届けていたというストーリーを、色々な年代の様々な乗り物と共に表現。04・Traditional Weatherwearの2019AW MENS雑誌広告。05・Traditional Weatherwearの2019AW WOMENS雑誌広告。06・フランスのヘアアクセサリーブランドALEXANDRE DE PARISの雑誌広告。07・PARK HYATT NISEKO HANAZONOのプレスキット。ホテルの魅力をいくつかの切り口でビジュアル化しカードを作成。USBメモリーと共にハードケースに収めました。08・マンダリンオリエンタル東京のシーズナルブローシャー。09・パレスホテル東京のシーズナルブローシャー。10・フォーシーズンズホテル京都のシーズナルブローシャー。11・ウェスティンホテル東京のウェディングサイト。12・フォーシーズンズホテル京都のウェディングサイト。

株式会社
YAOデザイン
インターナショナル

CONTACT ADDRESS

📍 〒160-0004　東京都新宿区四谷1-17
マイスター四谷4F

📞 03-3357-3668　📠 03-3353-1546

🌐 http://www.yao-design.co.jp

✉ info@yao-design.co.jp

COMPANY PROFILE

- 設立　1962年　● 資本金　1,000万円
- 売上高　非公開
- 代表者　代表取締役社長　八尾 戴子
- 社員数　14人　● クリエイター数　10人

● 会社PR　株式会社YAOデザインインターナショナルは1962年に創業、パッケージデザインを中心にヴィジュアルデザインのすべての領域を専門分野としているデザイン制作会社です。「パッケージデザインは、基本的に物を保護するとともに、その商品の情報を正確に伝えるための創作活動である。と同時に、マーケティング・コンセプトに沿った確かなコミュニケーション・パワーを持つものでなければならない。」というのが、創業者八尾武郎の理念でした。日本のデザインの歴史とともに磨き上げられたこの理念は、スタッフ一同の基本姿勢として今も脈々と生きています。

01・スライスチーズ／雪印メグミルク／パッケージ

02・雪印北海道100 カマンベールチーズ／雪印メグミルク／パッケージ

03・雪印コーヒー／雪印メグミルク／パッケージ

04・シャキッと！コーン（T）
／はごろもフーズ／パッケージ

05・シーチキン／はごろもフーズ／パッケージ

06・鍋つゆ／ヤマキ／パッケージ

07・液体調味料／ヤマキ／パッケージ

08・ごちそう革命／プリマハム／パッケージ

09・シュークリーム／モンテール／パッケージ

10・冷凍パスタ／日本製粉／パッケージ

11・チーズケーキ／モンテール／パッケージ

12・エアリアル／ヤマザキビスケット／パッケージ

13・Levain PRIME／ヤマザキビスケット／パッケージ

14・クリアターンプレミアム／コーセーコスメポート／パッケージ

15・クッパの素 リゾットの素／エスビー食品／パッケージ

グラフィック

映像

WEB

アプリ

イベント

パッケージ

その他

株式会社レマン

CONTACT ADDRESS

📍 〒150-0002　東京都渋谷区渋谷3-5-16
渋谷三丁目スクエアビル

📞 03-3407-5631　📠 03-5467-3245

🌐 http://www.lesmains.co.jp

✉ post@lesmains.co.jp

COMPANY PROFILE

● 設立　1964年11月　● 資本金　1,000万円
● 売上高　公表していません
● 代表者　小林英明
● 社員数　40人　● クリエイター数　34人

● 会社PR　私たちの社名 "レマン" とはフランス語で
"手" を意味します。そこには『価値あるものはすべて
"優秀な手" によって創られる』という理念が込められ
ています。創業以来50余年にわたり、良質な広告を
創り続けてきた "手" がここにあります。

※ Creators' index 166ページ、國府田哲平もご参照
ください。

01・大人の休日倶楽部／JR東日本／会員誌

02・「いい木と住むこと。」／住友林業／ポスター

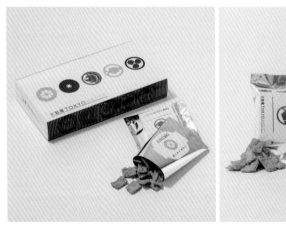

03・天麩羅TOKYO／SORA／パッケージデザイン

04・トランヴェール／JR東日本／新幹線車載誌

05・大人の休日倶楽部キャンペーン／
JR東日本／デジタルサイネージ

07・台東区／ポスター

06・新フレーム「FINE LINE」／眼鏡市場／
店内ポスター

08・スシロー五反田店OPEN告知／あきんどスシロー／屋外ポスター

09・横手市増田まんが美術館／横手市／ポスター・ブックレット・ロゴ

01・JR東日本が提供する会員組織「大人の休日倶楽部」の会員向け情報誌。02・住友林業ブランド広告ポスター。03・おつまみ・珍味専門店『Hotaru no Hikari』を展開するSORAの新ブランド。04・JR東日本管内の新幹線搭載の情報誌。05・JR東日本が提供する会員組織「大人の休日倶楽部」利用促進サイネージ。06・眼鏡市場のニューライン告知ポスター。07・台東区の観光誘致用のポスター。08・スシロー五反田店OPEN告知・あきんどスシロー屋外ポスター。09・横手市増田まんが美術館利用促進ツール。

- グラフィック ☑
- 映像 ☐
- WEB ☑
- アプリ ☐
- イベント ☐
- パッケージ ☑
- その他 ☑

株式会社
ロッケン

CONTACT ADDRESS

📍 〒152-0035
東京都目黒区自由が丘2-16-24 #204

📞 03-6459-5069　📠 03-6459-5064

🌐 http://rokken-inc.com

✉ rokken@rokken-inc.com（担当：三河）

COMPANY PROFILE

- 設立　2010年7月1日　● 資本金　300万円
- 代表者　三河真一
- 社員数　4人　● クリエイター数　3人
- 平均年齢　38.5才

● 会社PR　「デザインはハイエンドに、仕事はプロフェッショナルに」。
映画の劇場宣材・ジャケット、音楽・ゲーム・アニメなどエンターテイメント・コンテンツのグラフィックを軸に活動してきたデザイン事務所です。

クロスメディアが主流の時代になり、私達も会社設立10年目の今年を境に、広告、ブランディング、パッケージデザイン、Webデザイン、ドローン撮影など多岐にわたって活動を広げていこうとしています。制作物の目的と媒体の違いを正確に判断し、制作工程を変化させながら作っていけることが我々の強みです。エンターテイメントのグラフィックは、コンシューマーの満足度を高める事を目的として、作品自体のコンセプトを深く読み取り、ハイエンドなビジュアルを突き詰めていく制作工程です。一方、広告はいかに商品やブランドがターゲットに広く届くかを目的とし、キャッチコピーとコンセプトワークをしっかりと骨組みをしてからビジュアルを制作していきます。webデザインはクライアントが打ち出したい引き出しと、ユーザーが求める情報を比べ解析しながらページ構成を考えていき、デザインの構造を構築していきます。

小さな事務所ですが、一つ一つお客様と向き合いながら大切にお仕事をしています。

01・映画「アタラント号」ほか 劇場公開／IVC／ポスター・パンフレット・宣材一式

02・新潟 大阪屋／株式会社大阪屋／紙袋

03・新潟 大阪屋「樽砧」／株式会社大阪屋／菓子パッケージ

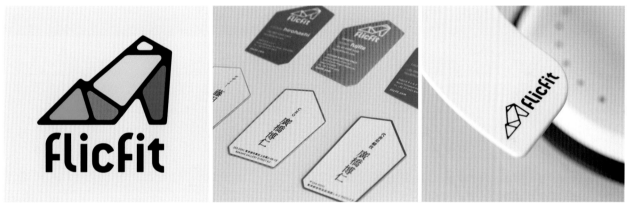

04・flicfit ロゴ・ブランディング／株式会社フリックフィット／コーポレート＆ブランドロゴ・名刺

05・姉ヶ崎カントリークラブ／平和農産工業株式会社／WEBサイト

06・立野クラシックゴルフクラブ／平和農産工業株式会社／WEBサイト

01・1934年のフランス映画を2018-19年に劇場公開した時のポスター。劇場パンフ、プレスパンフ、B5チラシ、試写状DM、チケット、Blu-rayも展開。船上で繰り広げられる男女のドラマを一目で感じられるよう、浮き輪のイラストを描いてメインビジュアルとしました。**02**・新潟の老舗菓子メーカーの紙袋リニューアル。古いイメージを払拭するオーダーだったが、逆に歴史ある雪結晶のロゴマークを「和」としてフィーチャーし、英語の「OSAKAYA」ロゴを制作し掛け合わせる事でクールでモダンな紙袋に仕上げました。**03**・同菓子屋の餡子ロールケーキのパッケージ。餡子が肝である事をふまえ、若い人にも手に取ってもらえるデザイン、シルバーと透明ボーダーデザインにして中身を見せる演出にこだわりました。**04**・3Dデータを活用し、靴マッチングシステム・サービスをおこなう会社のコーポレート・ブランドロゴ。「誰もがシンデレラ」をコンセプトに設定して「ガラス靴」をモチーフに、また「日本から世界へ」との哲学を込めて、折り紙のテイストを取り入れました。**05/06**・千葉県にある2つの老舗ゴルフ場のWEBサイト。「今すぐゴルフがしたい」と思わせる事を目的として、TOPはメニューバーなど一切省いて、画面一杯にゴルフ場の景色・動画が流れる画面にこだわりました。画面をクリックするとメニュー画面が出る仕組み。弊社でドローン空撮もいたしました。

WARP JAPAN

グラフィック
映像
WEB
アプリ
イベント
パッケージ
その他

CONTACT ADDRESS

〒106-0043　東京都港区麻布永坂町 1 番地
麻布パークサイドビル 5 階

03-6441-2450　FAX 03-6441-2451

http://warpjapan.com

info@warpjapan.com

COMPANY PROFILE

● 設立　2008年5月8日　● 資本金　2,405万円
● 代表者　代表取締役社長　佐藤　直
● 社員数　10人　● クリエイター数　5人
● 平均年齢　33才

会社PR ワープジャパンはデジタル全般を得意とする
エージェンシーです。
常に最新のトレンド、技術、ユーザビリティ、アイデア
をリサーチしながらクライアントの視点で物事を考え、
ベストなソリューションを提供します。
大手外資系ブランドからスタートアップ企業まで、幅
広い業種とビジネスパートナーとして、長期に渡る信
頼関係を築き、小規模なプロモーション施策やウェブ
ページ制作から、動画サイネージの開発など大規模
な案件も幅広く対応します。

01 • モルジE-コマースサイト / 株式会社 TSI EC ストラテジー / EC SITE

02 • evian LIMITED EDITION 2019 / ダノンジャパン株式会社 / WEB（2018年12月3日公開）

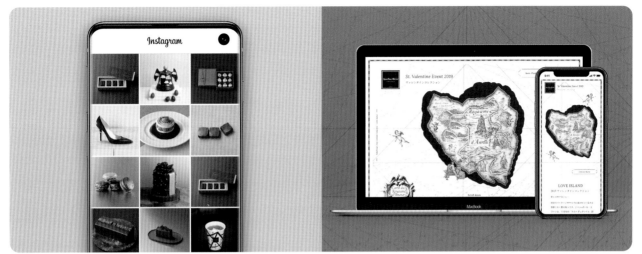

03・JEAN-PAUL HÉVIN JAPON Instagram・バレンタイン2019特設サイト / 株式会社JEAN-PAUL HÉVIN JAPON / SNS・WEB

04・AI面接サービスSHaiN / 株式会社タレントアンドアセスメント / WEB

05・恋するフランスキャンペーンサイト / フランス観光開発機構 / WEB

01・日本初展開の韓国ブランドを公式に取り扱うECサイト。デザイン・実装・運用更新・改修を担当。**02**・これまでファッションブランドとのコラボを多く実現させている、evian® の2019年のデザイナーズボトルの特設サイト。フランスの若い才能あふれるイネス・ロンジェビエルの世界観をアニメーション豊かな演出で表現しています。**03**・ショコラトリー、ジャン=ポール・エヴァンのSNS運用、キャンペーン施策・特設サイトの制作を担当。企画・立案から写真撮影、加工まで幅広く携わっており、SNSやキャンペーンを通してブランドイメージの確立をお手伝いしています。**04**・AI面接サービスのウェブサイト。企画設計・デザイン・実装。ロゴデザイン、ブランディングから運用更新までを行う。**05**・フランス観光開発機構のキャンペーンサイト恋するフランスのWEBデザイン、実装、運営管理、またキャラクターデザイン、ロゴデザイン、その他販促物のデザインを行いました。

Creators' index

現在、活躍中のクリエイターをご紹介いたします。
多様なクリエイターの実績とプロフィールがわかる「クリエイターズ・インデックス」。
ぜひご活用ください。

art director

川村貞知

Sadatomo Kawamura

アートディレクター／
グラフィックデザイナー

📞 03-6434-1261
FAX 03-6434-1262
✉ info@sadatomo.com
🌐 http://sadatomo.com
SNS SadatomoKawamuraDesign（FB）

1970年東京生まれ。東京藝術大学デザイン科卒業、同
大学院修了。電通アートディレクター、文化庁派遣芸術
家在外研修員（NY）を経て、SadatomoKawamu-
raDesign設立。毎日広告デザイン賞第一部最高賞、
NYADC金賞、日本パッケージデザイン大賞入選、金融
庁つみたてNISAキャラクター採用（つみたてワニー
サ）ほか。
ブランディング・VI・CI・サイン・グラフィック・パッケー
ジ・キャラクター・ネーミング等。
女子美術大学　准教授・講師（'07-14）／東京工芸大学
講師（'15-）

作品紹介
01・「専門店の本格的なお蕎麦をより身近でカジュアルに」
をコンセプトに、女性も気軽に入れるお蕎麦やさんを目指し
ました。**02**・黒い缶は、ツヤとマットの質感の差でロゴマー
クを表現しています。**03**・金は太陽（男性）、銀は月（女性）を
イメージしています。**04**・江戸時代より伝わる伝統的な農法
に基づき、會津清酒の酒粕で育てた、會津産厳選コシヒカリ
のブランディング。**05**・会津地域の蔵元が集まり、会津のお
米と美味しい水で丁寧につくられた、会津のお酒のブラン
ディング。

01・蕎麦きり みよた（青山）・蕎麦きり みまき（赤坂）／三ツ和／ブランディング

02・FIRE（缶コーヒー）／キリンビバレッジ／パッケージデザイン

03・米焼酎 しろ・金しろ（謹醸しろ）・銀しろ（吟麗しろ）／高橋酒造／パッケージデザイン

04・AiZ'S-RiCE／あいづの厳選米
生産推進協議会／ブランディング

05・AIZ'S-EYES（日本酒）／會津アクテ
ィベートアソシエーション／ブランディング

art director

平野達郎

Tatsuro Hirano

Art Director /
Graphic Designer

📞 03-6455-9902
✉ hirano@trope-inc.jp
🌐 http://www.trope-inc.jp

JAGDA 日本グラフィックデザイナー協会会員

1984年神奈川県生まれ。2006年ICS College of Arts
卒業。2013年トロープ設立。ブランディングから広告、空
間デザインなど幅広く活動しています。

●受賞歴
東京ADC賞｜入選
東京TDC賞｜入選
Graphic Design in Japan｜入選
パッケージデザイン大賞｜入選
BtoB広告賞｜銅賞
グッドデザイン賞｜BEST 100
おいしい東北パッケージデザイン賞｜優秀賞
Golden Pin Design Award 2016｜Finalist
TOP AWARD ASIA｜Winner
USIO DESIGN PROJECT｜優秀賞
Roooots 瀬戸内国際芸術祭 Re:Design｜優秀賞
SDA Award｜入選
Display Design Award｜奨励賞
6th SICF｜審査員賞

作品紹介
01・インテリア・建築・家具のデザイン専門学校「ICSカレッ
ジオブアーツ」の学校案内。技術に加えて、生徒の個性を伸
ばすことを重視した学校のため、独特のパースでイラスト
レーションを描くフィリップ・ワイズベッカー氏に学校の校
舎を描き下ろしてもらった。02・国外への挑戦が、「特別」で
はなく「当たり前」になること。JAPANブランドが、世界中で
「特別」ではなく「当たり前」に生活にあることを目指す"BE
STANDARD"プロジェクトのトータルデザイン。03・2018
年5月に経済産業省・特許庁から発表された『「デザイン経
営」宣言』。発表から1年を経て、改めて「デザイン経営」とは
何か、デザインは経営にどのようなインパクトを生みだすの
かを議論するカンファレンスのキービジュアルデザイン。来
場者がカンファレンスで結論を持ち帰るのではなく、カン
ファレンスを通して「デザイン経営」の粒子を取り込み、考え
方がシフトしていく様子をコンセプトに、細かいドットの集
積が流動的に変化するようなデザインとした。04・創業100
余年の老舗醤油店「浅沼醤油店」が展開する定番調味料ブ
ランド「くら」のブランディングデザイン。VIの開発から「ふ
つうをていねいに。」というブランドコンセプトの立案。パッ
ケージデザイン、PRツールまでトータルにデザインを行っ
た。05・経済産業省による中小企業の海外進出支援プロ
ジェクトのトータルデザイン。VIから様々なPRツールなど
トータルにデザインを行った。

01・ICSカレッジオブアーツ 学校案内／専門学校ICSカレッジオブアーツ／カタログ

02・BE STANDARD 展示会／株式会社ロフトワーク／空間デザイン、その他ツールデザイン

03・デザイン経営2019／株式会社ロフトワーク／キーヴィジュアル

04・くら／株式会社浅沼醤油店／ブランディ
ング（VI、パッケージ、コンセプト、PRツー
ル、etc）

05・MORE THAN PROJECT／経済産
業省／トータルデザイン（VI、PRツール、プ
ロジェクトブック、etc）

Creators' index

creative director

山崎みどり

Midori Yamazaki
クリエイティブディレクター

☎ 080-9342-6182
✉ ymidorimidori@gmail.com
◉ https://issuu.com/midoriyamazaki
SNS @ymidorimidoriy

クリエイティブディレクター
東京大学生産技術研究所 DLX-Design Lab
特任研究員

London Central Saint Martins College of Arts and
Design / MA Communication Design 卒業。adidas、
Nike、Facebook 等のクリエイティブディレクターを
経て、デジタル、グラフィック、広告、空間などのコミュ
ニケーションデザインを中心に、One-Off のアート
ワーク制作から、マーケティングとコンテンツクオリ
ティ双方を実現する総合的なコミュニケーションまで
幅広く活動。DSA賞、DDA賞、ADC賞、TDC賞など
受賞及び入選多数。

作品紹介
01・NikeLab とファッションブランド sacai とのコラボレー
ションブランドのキャンペーン。写真はその制作物の一部
One-Off のアートインスタレーション。スポーツウェアが女
性の動きに伴って翻る美しい躍動感を、デジタルテクノロ
ジーとドレーピングという布を使った装飾技法を使い表現。
Bank Gallery、Dover Street Market Ginza 等で開催。
02・連動させた映像・照明・音楽、そして回転するミラー面
の造作を BMW 5 Series の車体に反射させ、その車体の美
しさを演出したデジタルインスタレーション。**03**・NIKE
女性トレーニングラインのブランドキャンペーン。コミュニ
ケーションプランからキービジュアルまで総合的なクリエイ
ティブディレクションを担当。**04**・adidas のプレミアムライ
ン、adidas-premiumstyle のブランドコミュニケーション。
05・ファッションブランド franche lippée のブランドコン
サルテーション。ブランドコミュニケーションから、デジタル
マーケティングプランまで、総合的なブランド構築を担当。

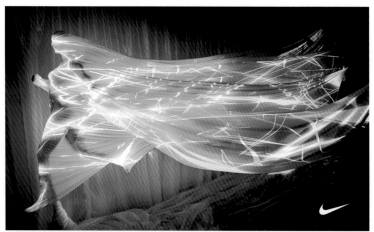

01・NikeLab x sacai Showroom　CL=NIKE　DSA空間デザイン賞

02・BMW 5 Series Launch Event Installation　CL=BMW　DSA空間デザイン賞

03・NIKE Women　CL=NIKE　　04・adidas-premiumstyle　CL=adidas

05・franche lippée Brand Communication　CL=franche lippée

art director

吉﨑達夫

TATSUO Yoshizaki

アートディレクター／
プロデューサー

📞 092-753-9415
✉ tatsuo@estrellas.works
🌐 https://www.estrellas.works
📱 https://www.facebook.com/EstrellasWORKS/

私は、東京・渋谷を拠点に大手企業から中小企業・個人まで、幅広くクリエイティブしてきたアートディレクターです。令和元年7月、一人働き方改革と称し、ビジネスインフラが高度に整備された福岡市に移転、東京オフィスと合わせ2拠点で活動しています。

アートディレクターのポジションをベースに、プロジェクトによってクリエイティブ・ディレクターだったり、PMだったり、プロデューサーだったりと柔軟に関わっています（デザイナーと兼務もあります）。

ヒアリングをベースに、クライアントさまや経営者さまの課題を共有、クライアントさまも含め風通しのいいプロジェクトチームを編成し、課題解決へ全身全霊で打ち込みます。

媒体は、広告やパンフレット、ポスターといった紙媒体からWebサイト構築、映像、アプリ、AR/VR、SNS運営などと、メディアを選ばず、必要な施策を横展開し、効果的に投下できる制作環境を整えています。

パートナーも、グラフィックデザイナー／アートディレクターから、コピーライター、スチル／映像／ドローンカメラマン、イラストレーター、Web・映像制作会社、IT開発会社、印刷会社と幅広いメディアに対応できる布陣を整えています。

［最近の事例］
・大手化粧品会社：chatbotアプリのAI部分のロジック開発とキャラクター設計。
・映画『シンプル・ギフト ～はじまりの歌声～』、映画『二宮金次郎』：クリエイティブディレクション。プロモーション施策策定。Webやポスター、SNSなどの媒体制作。クラウドファンディングのプロデュース。

作品紹介
01・NTTドコモとJ-Waveのコラボコンサート。星野源など注目の新進アーティストを取り上げ、若い世代に通信事業者としての環境施策＝ケータイリサイクルを訴求。ロゴ、ポスター、キービジュアルから、ステージデザインまで制作。**02**・アナログレコードメーカーをスポンサーに、若い世代にレコードの楽しさを伝えた番組。アイキャッチとなるVIのご依頼から、好評を受け、グッズ、雑誌広告にも展開となりました。**03**・建材メーカーの新製品 薪ストーブの開発段階からプロジェクトに参加。ブランディングやプロモーション施策策定・制作とワンストップの強みを生かしたクリエイティブでクライアントさまに貢献いたしました。**04**・会社案内をベースに、toBながらWebならではのカスタマー体験ができるWebブランディングを施しました。CMSはWordPressを使用。

01・ドコモコンサート／NTTドコモ／ロゴ・ポスター・ステージデザイン・ビジョングラフィック

02・番組『東洋化成 アナログ・ガラパゴス』／エフエム東京／VI開発・雑誌広告・スタジオ観覧者ノベルティ

03・薪ストーブ『HOMRA』／カツデンアーキテック／製品ブランディング・ネーミング・ロゴ・Webサイト・PV・カタログ・雑誌広告・SNS運用

04・いすゞライネックス／コーポレイトサイト

Creators' index

art director

髙木紳介
shinsuke takagi

art director
graphic designer

📞 03-3524-5288
✉ shinsuke_takagi@taki.co.jp
🌐 https://www.taki.co.jp

広告制作プロダクションのディレクターとして、多くの大型案件に携わってきました。その経験を活かし、デザイン・アートディレクションの領域だけでなく、コピーワークや企画全体の骨子などにも関わりながら、課題の本質的な解決につながるよう心がけています。デザイン以外にも音楽を中心に、雑誌・ラジオ・映画祭へ活動を広げています。著書に『旅するタイ・イサーン音楽ディスク・ガイド TRIP TO ISAN』Soi48。東京TDC賞、ADC賞、第72回毎日映画コンクール音楽賞入選、他受賞。

※株式会社たき工房については58ページをご覧ください。

01・NIKKEI BLEND／日本経済新聞社／新聞・イベント

02・レコードジャケット／em records／タイ音楽シリーズ・民謡シリーズ 他

作品紹介
01・日経平均株価に連動して変化する味のコーヒーをサンプリングしたイベント。リアルタイムに変化するロゴを核として5日間に渡り、その日の記録を翌日の朝刊に掲載した。**02**・em recordsから世界中で販売されている、タイ音楽・民謡の再発売シリーズ。どこの国の棚でも存在感のある力強いデザイン、古い音源でも"今"の音楽となるように心がけています。

---

art director

加越博仁
hirohito kagoshi

art director
graphic designer

📞 03-3524-1358
✉ hirohito_kagoshi@taki.co.jp
🌐 https://www.taki.co.jp

1985年 青森県生まれ。仙台、都内のデザイン会社を経て、株式会社たき工房入社。グラフィック・ロゴ・パッケージ・プロダクトなどの分野を中心に、デザイナー／アートディレクターとして活動しています。シンプルでキャッチーな表現を好み、見た人の印象にずっと残るようなデザインを心がけています。ミュージック・ジャケット大賞2016準大賞、消費者のためになった広告コンクール 経済産業大臣賞 他受賞。

※株式会社たき工房については58ページをご覧ください。

01・みどり保育園／Tシャツ

02・富士急ハイランド「侵略放題入園無料」／富士急行株式会社／中吊りポスター

03・TAKI ANNUAL AWARD 2018／たき工房／ポスター

作品紹介
01・新潟にある「みどり保育園」のTシャツデザイン。**02**・富士急ハイランドは、ずっと入園無料ということを伝えるためのキャンペーン。入園無料、すなわち侵略し放題！ということで、大量の宇宙人までが園内に押し寄せるという強烈なインパクトのポスター。**03**・たき工房の社内行事ポスター。輝く結晶のモチーフは、3DCGで制作しました。

designer

中村賢太

kazepro-kenta nakamura

Art director,Designer

📞 03-6455-5559

📠 03-6455-5445

✉ nakamura@kazepro.com

🌐 http://www.kazepro.com/

1986年静岡市生まれ。博報堂プロダクツ〜no problemを経て、カゼプロに所属。現在、広告デザイン・ブランドロゴ開発・CDジャケット・パッケージデザイン・プロモーションデザインに手をだしています。常に「可愛げ」のあるデザインを生み出すこと、一過性のデザインではない、長く機能する表現になること、デザインによってイメージをよくすること、を心がけています。

※カゼプロ株式会社については114ページをご覧ください。

01・BROS／wacoal／ポスター

作品紹介
01・高性能メンズパンツブランド　02・新番組の番宣ビジュアル　03・HELLO KITTY45周年を記念したプロモーションの企画・ロゴ・メインビジュアル・ムービーを担当

02・ヤバいバル／テレビ朝日／ポスター

03・KITTY 45th／sanrio／キャンペーン

---

designer

高藤達也

kazepro-tatsuya takato

Art director,Designer

📞 03-6455-5559

📠 03-6455-5445

✉ takato@kazepro.com

🌐 http://www.kazepro.com/

1987年北海道生まれ。様々な企業のグラフィック制作にアートディレクターとして携わる。広告・ファッション・スポーツなど、ジャンルを問わずに活動の幅を広げている。大塚製薬・eyecity・puma・wacoal・peach john・samsonite・nhk・テレビ朝日・AKB48などを担当。

※カゼプロ株式会社については114ページをご覧ください。

01・DO YOU / PUMA／ポスター

02・オロナミンC / 大塚製薬／ポスター

03・eyecity / HOYA / OOH

Creators' index

art director

高倉健太

kenta takakura

Art Director

📞 03-6804-9392
📠 03-6804-9344
✉️ info@glyphinc.co.jp
🌐 www.glyphinc.co.jp

1982年埼玉県生まれ。'07年多摩美術大学卒業。デザイン事務所を経て'17年4月GLYPH Inc.設立。広告、CDジャケットデザイン、パッケージデザイン等ジャンルを問わず様々な分野で活躍。

01・ARASHI 5×20 All the BEST!! 1999-2019／J Storm／CDアルバム

02・サイン-法医学者 柚木貴志の事件-／テレビ朝日／キービジュアル

作品紹介
01・嵐ベストアルバムの初回限定盤1のパッケージデザイン。02・ドラマ「サイン-法医学者 柚木貴志の事件-」のポスター、キービジュアル。

designer

小川恵里

Lesmains - eri ogawa

デザイナー

📞 03-3407-5631
📠 03-5467-3245
✉️ post@lesmains.co.jp
🌐 http://www.lesmains.co.jp/

株式会社レマン所属。1988年生まれ。パンフレットやポスターなどの紙媒体を主に制作しています。一目で伝わる分かりやすさをモットーに、クライアントとその先のユーザーを繋げる橋渡しができるようなコミュニケーションツールとなるよう意識しています。

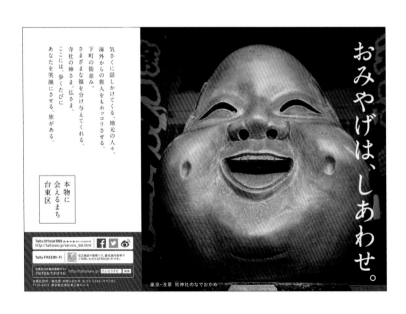

作品紹介
台東区の観光誘致用の車内広告。

illustrator / designer

新藤 綾

aya shindo

イラストレーター / デザイナー

📞 03-5640-5457
📠 03-5640-5456
✉ contact@threelight.co.jp
🌐 https://threelight.co.jp/
📱 @aya.shindo

多摩美術大学卒業後、WEB制作会社に入社してデザイナーとして従事。デザインを活かした広告媒体の領域を広げたいという思いから、現在はスリーライトのクリエイティブセクションに所属し、イラストを活かした商品広告やパンフレット、または屋外演出など幅広く担当しています。イラストのみのご相談でも構いませんので、お気軽にお問合せください。

※株式会社スリーライトについては124ページをご覧ください。

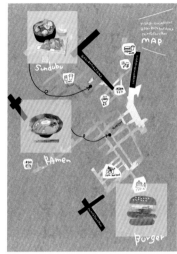

01

02

作品紹介
01・あるマスメディア企業の広告リニューアルにあたり提案作成したビジュアル案。
02・地域のフリーペーパー向けに作成したイラストを使ったMAPイメージ。

---

art director

成宮 成

jo narumiya

アートディレクター・
デザイナー

📞 03-5790-7523
📠 03-5790-7524
✉ info@dig.co.jp
🌐 https://www.dig.co.jp

所属するdigが掲げるスローガンのひとつでもある「make difference」をテーマに雑誌や書籍、パンフレット、ポスター、コーポレートツール、ロゴなど幅広くデザインを行っています。制作する際に一般的なアプローチを踏まえた上で、他とは違う何かを提案のどこかに入れることを意識してデザインしています。株式会社dig所属。

※株式会社digについては134ページをご覧ください。

01・宣伝会議／宣伝会議／雑誌

02・東大読書／東洋経済新報社／書籍

作品紹介
01・65年の歴史がある広告マーケティング専門誌。直感的に訴えるデザインを意識し、読者を誘導する仕掛けやビジュアルを多用した。02・発売1ヶ月で10万部突破、ベストセラーの単行本。親しみ易さを出しつつ、普遍的な内容なので長く飽きのこないデザインを目指した。

Creators' index

久田幸弘

nanilani Inc. -yukihiro hisada

アートディレクター
デザイナー

📞 03-6416-8338
🖨 03-6416-8398
✉ hisada@nanilani.com
🌐 http://www.nanilani.com

時代や流行にとらわれない、本質的なデザインを愛する。平面、空間、プロダクトのみならず、ビジネスやサービスなどを含めた広義の意味でのデザインを志向している。

※株式会社ナニラニについては138ページをご覧ください。

01・スマホ診／ブランディング

02・JINS／ジンズ／グローバルシーズンビジュアル・パッケージデザイン

作品紹介
01・ブランド立ち上げのコミュニケーションからVI まで開発 02・店頭やWebなどで展開されるシーズンビジュアル / コンタクトレンズのパッケージデザイン

ふるやまげん

Gen Furuyama

フォトグラファー

📞 03-3269-6771

✉ info@sokosoko.co.jp
🌐 https://www.sokosoko.co.jp
📱 @sokosokosha

（株）そこそこ社に所属。企画・コピーライターと、フォトグラファーをしています。幅広い業種で、広告撮影、取材撮影、インタビュー撮影、記事作成経験があります。官公庁、全国の会社、工場や病院の取材撮影経験も多数。撮影と同じくらい、出張とお話が大好きです！

※株式会社そこそこ社については128ページをご覧ください。

01・アクセサリー着用イメージ／HASUNA／広告・SNS

作品紹介
01・担当したブランドコピー「美しいものでできている」を表現するため、ナチュラルな演出で、世界観、商品の魅力を表現。

web director

松尾 晋佑

blanc- Shinsuke Matsuo
Web ディレクター

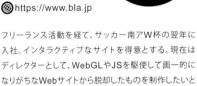

📞 03-5782-8031
📠 03-5782-8055
✉ matsuo@bla.jp
🌐 https://www.bla.jp

フリーランス活動を経て、サッカー南アW杯の翌年に
入社。インタラクティブなサイトを得意とする。現在は
ディレクターとして、WebGLやJSを駆使して画一的に
なりがちなWebサイトから脱却したものを制作したいと
日々活動中。
※株式会社ブランについては146ページをご覧ください。

01・ビクターエンタテインメント採用サイト／ビクターエンタテインメント／WEB

作品紹介
01・ビクターエンタテインメント採用サイト「音楽と生きる」をテーマに一番の
教科書である先輩社員にフィーチャーした採用サイト。

掲載ご希望の制作会社の皆様へ

『Creator』は、発注者のための広告制作プロダクションガイドとして、
広告・コミュニケーション実績をご紹介しております。
「成果につながるクリエイティブ」の実現のために
必要なクリエイティブパートナーの情報をお届けする媒体です。
掲載をご希望の方は、下記までお問合せください。

株式会社 宣伝会議
東京都港区南青山3-11-13
03-3475-3030

公益社団法人日本広告制作協会（OAC）
正会員・賛助会員リスト＋プロダクションガイド2020索引

※社名の右側に記載している数字は、本誌における掲載ページです。

正会員

㈱アーツ …………………………… 022
㈱アイビーネット
㈲アイル企画 ……………………… 024
㈱アクロバット …………………… 026
㈱アジア太平洋観光社
㈱アズワン ………………………… 028
アップワード㈱
㈱アド・エンジニアーズ・オブ・トーキョー
㈱アド・プランニング研究所
㈱アドブレーン …………………… 030
イシイ㈱ …………………………… 032
㈱一星企画
㈱インクポイント
インプレッション㈱
㈱ウィルコミュニケーションデザイン研究所 … 034
㈱エージー ………………………… 036
㈱エー・ティ・エー
㈱エスケイワード
㈱エゾモバイル
㈱エディターシップ
㈱オックス ………………………… 038
㈱オフィスバンズ
㈱オンド …………………………… 040
㈱ガッシュ
㈱ガット
㈲キュームグラフィック
㈱グラヴ
クリエイティブコミュニケイションズ㈱レマン …… 042
㈱クリエイティブシャワー
コアプランニング㈱ ……………… 044

サン・クリエイティブ㈱ ………… 046
㈱ジェイスリー …………………… 048
㈱ジャパンプランニングセンター
㈱スキップ
㈱スクール・コーポレーション
㈱スタジオゲット
㈱スタヂオ・ユニ ………………… 052
㈱スナップ
㈱スパイス ………………………… 054
セットクリエイト㈱ ……………… 056
㈱センシュウ・アド・クリエーターズ
㈱創基
㈱創芸社
㈱ソリッド・プラス
㈱たき工房 ………………………… 058
㈱つくばスタジオ
㈱ティ・エー・シー企画 ………… 060
㈱ティー・ケー・オー
㈱TCD東京オフィス
㈱ティーディーエス
デザインプール㈱
㈱電通テック ……………………… 062
㈱東京アドデザイナース ………… 064
㈱東京グラフィックデザイナーズ …… 066
㈱東京ニュース …………………… 068
㈱東北新社
NISSHAエフエイト㈱
㈱日本デザインセンター
㈱2055
㈱ノエ ……………………………… 072
㈱ノブレ

㈲バウ広告事務所 ………………… 074
㈱ハウラー
㈱博報堂プロダクツ ……………… 076
㈱パッショーネ
㈱ハドル
㈱樋口事務所
㈱ピー・ダブリュー
㈱広瀬企画 ………………………… 078
フェロールーム㈱ ………………… 080
㈱プランテーション
㈲ブレインカフェ
㈱プロモーションズライト ……… 082
㈱ベルズ
㈱ペンシルロケット
㈱ホシ・デザイン
㈱山城デザイン
㈱山田写真製版所
㈱読広クリエイティブスタジオ

賛助会員

アダムシナプス
集丸㈱
㈱アド・テクニカ
㈲イメージ・プラネット
エイクエント・エルエルシー
㈱ADKクリエイティブ・ワン
大阪芸術大学 ……………………… 089
OCA大阪デザイン＆IT専門学校
㈱大塚商会
㈲オフィスアフロディーテ
㈱オリコム

キヤノンマーケティングジャパン㈱

㈱ケイプラン

㈱光画

㈱光陽社

ジェイプリント㈱

㈱シュガー

㈱ショウエイ ……………………………………050

女子美術大学

㈱スカイアーチネットワークス ……………………094

㈱スタジオ・エス

㈱宣伝会議

㈱セントラルプロフィックス

㈱第一製版

宝印刷㈱

㈱タクト

㈱竹尾 …………………………………………095

田尻広告デザイン

多摩美術大学 …………………………………090

タンデムクロス㈱

㈱電通

㈱Too …………………………………………096

東京グラフィックコミュニケーションズ工業組合

東京工科大学 …………………………………091

東京コミュニケーションアート専門学校

東京造形大学 …………………………………092

東京デザイン専門学校 …………………………093

東京都製本工業組合

㈱トラック …………………………………………070

㈱日広社

㈱日庄

㈱日東装備

日本工学院八王子専門学校

日本デザイナー学院

日本デザイン福祉専門学校

日本電子専門学校

野口会計法務事務所 ……………………………097

㈱博報堂

㈱パルック

㈱二葉企画

㈱フレンズ

㈱ホールハート

㈱ボーンデジタル

学校法人美専学園 北海道芸術デザイン専門学校

町田・デザイン専門学校

マルキンアド㈱ ………………………………084

武蔵野美術大学 ………………………………表3

㈱メディアネットワーク

メディアフォーユー㈱

㈱モスデザイン研究所 …………………………086

㈱モリサワ

㈱山崎デザイン事務所

山脇美術専門学校

㈱ユウクリ

㈱横浜スーパー・ファクトリー

㈱ライトアップ

リード エグジビション ジャパン㈱

㈱玲企画

その他掲載企業

㈱WHITE DESIGN …………………………100

㈱WHITE …………………………………100

㈱MILK …………………………………100

㈱リード …………………………………106

㈱アートボード …………………………110

㈱エーエイチレフ …………………………112

カゼプロ㈱ …………………………………114

㈱ココチエ …………………………………116

㈲サイレン …………………………………118

㈱シーズ広告制作会社 …………………………120

㈱しるし …………………………………122

㈱スリーライト …………………………124

㈱宣伝倶楽部 …………………………126

㈱そこそこ社 …………………………128

㈱chocolate. …………………………130

㈱D2C dot …………………………132

㈱dig …………………………………134

㈱ドットデザイン …………………………136

㈱ナニラニ …………………………138

㈱バードランド …………………………140

㈱バックストリート …………………………142

㈱ビアボーリンク …………………………144

㈱ブラン …………………………………146

㈱むすび …………………………………148

㈱守屋デザイン事務所 …………………………150

㈱YAOデザインインターナショナル …………152

㈱レマン …………………………………154

㈱ロッケン …………………………………156

WARP JAPAN …………………………158

㈱マスメディアン …………………………表2

OAC 公益社団法人 日本広告制作協会

繋がることで出来ることが、きっとある。

公益社団法人日本広告制作協会（OAC）は、
「コミュニケーションの力で、つながる。動かす。変えていく。」をモットーに、社会貢献事業はもとより、
会員企業の経営とクリエイティブの質的向上を目指し、年間を通じさまざまな活動を行っています。

TOPICS 1　共感を創る
ココロを運ぶ一行タクシー　～東京物語～

2019年公益社団法人日本広告制作協会（OAC）は、多くの社会貢献活動のひとつとして、一般社団法人東京ハイヤー・タクシー協会とコラボレーションを行い、東京のタクシーをもっと身近に感じ、共感を醸成できる施策を立案。「ココロを運ぶ一行タクシー～東京物語～」と題し、乗客や歩行者がグッとくる17文字以内のフレーズを募集。全国から寄せられた5,598本から50本を選定し、そのフレーズをラッピングした50台のタクシーが7月の東京を走行した。この内容はテレビ、新聞、SNSでも取り上げられ話題となった。なお、最優秀に輝いた作品は、「シンデレラ24時過ぎても送ります」。その他の作品も、人それぞれに響くものが数多くあり、タクシーへの共感醸成の一助となった。

TOPICS 2　オリジナルに拘る
「PERSONAL PAPER FILE」　銀座伊東屋７Ｆ竹尾見本帖 at Itoya での展示・販売

会員社の若手クリエイターが中心となり、オリジナルの「紙製ファイル」を制作。2019年6月～7月にかけて、展示・販売を実施。初めての試みとなったこの企画は、㈱竹尾さんの協力のもと、各社の若手デザイナー達が互いに刺激を受けつつ、その発想を広げ、制作したものである。ともすれば受注型になりがちな制作会社も、自らが発想し、販売に繋げる機会を通して、今後のあり方を模索するキッカケになりそうだ。

TOPICS 3 想いを伝える
第3回「想いを伝えるカードデザイン大賞」開催

今回も全国から210点の応募をみた「想いを伝えるカードデザイン大賞」。選考した80作品を10月19日（土）東京の3331アーツ千代田にて展示・贈賞式を実施した。この企画は広く一般の方に参加してもらい、デジタル全盛の世の中ではあるが、一度原点に戻り、コミュニケーションのあり方を考える機会にしてもらいたいと始めたもの。今回は、高校生の参加が増え、授業の一環として取り上げられた様子うかがわれた。また、辛い思い出も書く（描く）ことによって、自らを解放することにもなっているようだ。想いを伝えるというコミュニケーションの側面と、自らを発露するこの企画に、今後も多くの方が参加されることを望んでいる。

TOPICS 4 共に考える
経営と、そこで働く全ての人のために

経営と人材育成に役立つセミナーや交流等を通じ、今後の制作会社のあるべき姿を常に模索し続けている。2019年は、「改正労基法の勉強会」・「会員社企業に学ぶ：仕事と働き方のあり方」・「グラフィックから建築空間まで、ブランドコミュニケーションの拡張性」・「クライアントを説得するための紙の勉強会」・「そのコミュニケーションは顧客の事業に貢献するのか」などを実施。今後も様々な刺激を提供していく。

TOPICS 5 学生のクリエイティブ思考を育む
クリエイティブやアイデアのコンテストの実施と育成

第8回目の開催となった「学生クリエイティブアワード」と「アイデアで社会をより良くするコンテスト」。毎年多くの学生が両コンテストに参加。授業課題として取り上げる学校も年々多くなっている。また東京学生広告研究団体連盟（東広連）への支援や、賛助会員校の学生に対するポートフォリオ指導など、クリエイティブな考え方とそのアウトプットを学んでもらうべく、努めている。

TOPICS
6

共に楽しむ

令和元年　銭湯ポスター総選挙

三回目の開催となった「銭湯ポスター総選挙」。今回も、クリエイターが頭から湯気を出してひねり出した全56作品を、全国（北海道・東京・神奈川・埼玉・石川・愛知・京都・広島・福岡・熊本）10都道府県、16銭湯で展示。お気に入りの作品に投票してもらった。今回初開催となった、石川・広島・熊本ではTV局や新聞社の取材が多く、好評だった。クリエイティブのチカラで、訪れる方も楽しめて銭湯自体も応援できるこの企画を今後も更に進化させていく。

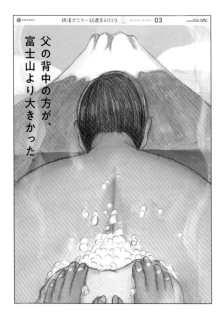

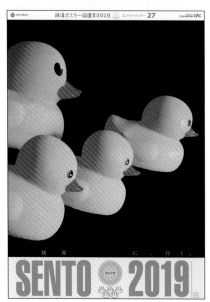

※ご紹介した作品は、展示作品の一部です。

TOPICS 7

共に創る
岩手県大槌町支援 「ふるさとイチオシカレンダー」2020

当協会では東日本大震災の翌年より毎年、被災した岩手県大槌町へオリジナルカレンダーを制作し、贈呈している。当初は仮設住宅で暮らす方々のためにと制作していたが、物理的な復興が進むにつれ、そのあり方を変化させ、大槌に住む子供たちが自分のふるさとを見つめ直す機会として、カレンダー制作を行っている。8年目を迎えた2020年版のカレンダーも、子どもたちの考えたキャッチフレーズが、協会所属のクリエイターの手により素敵なカレンダーに仕上がった。今後も復興のその先にある未来に向けて取り組んでいく。

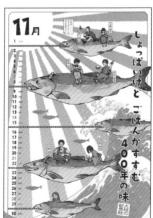

※ご紹介した作品は、カレンダーの一部です。

会員の皆さんのために
OACならではのサービス《OAC総合賠償責任保険》

OACでは、広告制作会社向けE&O保険を用意。広告制作で発生するデータミスによる刷り直しや著作権での損害賠償などに適用される。また、著作権などのトラブルに対応すべく、弁護士の紹介なども行っている。事務局では、仕事の案件に応じてパートナーにふさわしいと思われる会社を紹介するなど、様々な事案に対応している。『繋がることで出来ることがある』、OACのことをもっと知りたい方は、お気軽にご連絡ください。

公益社団法人日本広告制作会社へのお問い合わせは
〒104－0061
東京都中央区銀座1－14－7 銀座吉澤ビル9F
公益社団法人日本広告制作協会
TEL 03-3561-1220
Mail info@oac.or.jp
Web https://www.oac.or.jp/
Facebook https://www.facebook.com/creativeOAC/

広告制作プロダクションガイド 2020

Creator

ブレーン×OAC

2020年1月1日　初版第1刷発行
定価　本体　1900円＋税

発行所　株式会社宣伝会議
発行人　東 彦弥

[東京本社]
〒107-8550　東京都港区南青山3-11-13
新青山東急ビル9F
TEL：03-3475-3010（代表）
[関西本部]
〒530-0003　大阪市北区堂島2-1-31
京阪堂島ビル5F
TEL：06-6347-8900（代表）
[中部本部]
〒461-0005　名古屋市東区東桜1-13-3
NHK名古屋放送センタービル6F
TEL：052-952-0311（代表）
[九州本部]
〒810-0001　福岡市中央区天神2-14-8
福岡天神センタービル7F
TEL：092-731-3331（代表）
[北海道本部]
〒060-0001　札幌市中央区北一条西4-1-2
武田りそなビル6F
TEL：011-222-6000（代表）
[東北本部]
〒980-0811　仙台市青葉区一番町3-1-1
仙台ファーストタワー11F
TEL：022-266-6981（代表）
[中四国本部]
〒730-0051　広島市中区大手町2-11-10
NHK広島放送センタービル13F
TEL：082-545-7311（代表）
[北陸本部]
〒920-0853　金沢市本町1-5-2 リファーレ10F
TEL：076-224-3010（代表）

編集協力
ツー・ファイブ

表紙デザイン
佐藤暢美（ツー・ファイブ）

刊行協力企業・学校一覧
大阪芸術大学／株式会社スカイアーチネットワークス／株式会社竹尾／
多摩美術大学／株式会社Too／東京工科大学／学校法人桑沢学園 東京造形大学／
学校法人原宿学園 東京デザイン専門学校／野口会計法律事務所／武蔵野美術大学

監修
公益社団法人 日本広告制作協会（OAC）